朝日新書
Asahi Shinsho 745

# 資産寿命

## 人生100年時代の「お金の長寿術」

大江英樹



朝日新聞出版

# はじめに

「人生100年時代」とは最近よくマスコミで出てくる言葉です。確かに平均寿命は着実に延びてきているようで、100歳まで生きるということもあながち夢物語ではなくなりつつあります。寿命が延びて長生きをするのはとても喜ばしいことではありますが、単に生物学的な「寿命」が延びるだけでは意味がありません。長生きがうれしいのは「いつまでも元気で自分のやりたいことができる」場合です。そのためには、いつまでも健康でいられることと、やりたいことができるためのお金があることが必要です。すなわち単なる「寿命」ではなく、**「健康寿命」**と**「資産寿命」**が大切なのです。

実際、最近は資産寿命を延ばすというテーマでの講演会が開かれたり、本も出てきたりしているようです。加えて、2019年の6月に話題となった「2000万円不足問題」

もあり、ますます関心が高まっているように思えます。ところが、そういった「資産寿命をいかに延ばすか」の方法についてはほとんどが、「投資をしよう」とか、「運用しながら取り崩す」、といった資産運用に偏ったことしか語られていません。でも、長年にわたって投資を仕事にしてきた、そして7年前に定年退職した後の生活を実際に体験してきた私から見ると、資産寿命を延ばすために必要なのは決して投資だけではありません。むしろ投資はやるにしても順位としてはかなり後の方になると言ってもいいでしょう。

この本は、そんな資産寿命の延ばし方について多面的な方向から考えています。私は健康に関しては専門家ではありませんので詳しいことはわかりませんが、どんな健康法であってもそれが全ての人にとって当てはまるとは限らず、体質や遺伝によって人それぞれだろうということぐらいは想像がつきます。資産寿命の延ばし方も同様で、こうすれば絶対という方法があるわけではありません。だからこそ、様々に多面的な方法で自分に合ったやり方を自分で考えることが大切なのです。それが本書の目的です。

最後の第6章には、実際に資産寿命を延ばしている人達が登場します。働くこと、無駄を無くすこと、資産管理をきちんとやること、そして投資すること等々、様々なやり方で実践している人達の事例が出てきます。いずれも自分に合ったやり方で充実したシニアライフを送っている人ばかりです。本書は「指南書」ではなく、自分で考えるための「指針の書」となるよう書きました。そうした方々の例を参考としながら、ぜひ自身で資産寿命を延ばすことを考えていただければと願っています。

# 資産寿命　人生１００年時代の「お金の長寿術」

## 目次

## 第2章 働いて資産寿命を延ばす 43

# 第4章　間違いだらけの年金知識　97

## 第5章　運用で資産寿命を延ばす

図版／谷口正孝

# 第1章　資産寿命という考え方

## 1　「延ばすも何も資産なんて持っていないよ!」という人へ

私は仕事柄、年間140回ぐらい講演をしていますが、中でも老後のお金に関する講演をすると、時々出てくる質問があります。それは「もうすぐ定年を迎えるのですが、実はほとんど貯金を持っていません。一体どうすれば良いでしょう?」というものです。

多くの人が参加している講演会でそんな質問をする人がいるのだろうか?と思われるかもしれませんが、案外いるのです。もちろん本当に貯金ゼロという人は少ないでしょう。多くの人は、いくばくかの貯蓄を持っていても「この金額では不安」と思うために前述の「ほとんど貯金を持っていません」という言い方になるのではないかと思います。

### 最も大きな金融資産「公的年金」

しかしながら、サラリーマンであれば、定年の時に貯金を持っていなくても資産がゼロというわけではないのです。なぜなら、資産＝今持っているお金、だけだと考えるのは間違いだからです。資産には金融資産と実物資産があるのはご存知だと思います。金融資産は現金・預金・有価証券、そして一部の保険といったものです。一方、実物資産は住宅・不動産、金や貴金属、美術工芸品といった類です。この内、実物資産はいざという時の備えにはなるかもしれませんが、生活していくための資産として使えるのは、やはり金融資産です。ところが仮に自分の貯金が無くても金融資産が何もないというわけではないのです。最も大きな金融資産、それは「公的年金」です。詳しくは第4章でお話ししますが、平均的なサラリーマンであれば、90歳まで生きた場合に受け取れる公的年金の総額は6～7千万円ぐらいはあります。ということは多くのサラリーマンにとって、60歳の時点で金融資産はそれぐらい持っていると言ってもいいのです。

さらに勤め先によっては退職金や企業年金という制度があるところもあります。こちらは会社や団体によって異なりますので一概には言えませんが、厚生労働省の「平成30年就労条件総合調査[※1]」によれば、大卒社員の定年時における退職金の支給平均額は1983万円となっています。しかしながらこの調査は一部の大企業の高額な退職金が平均値を押し上げていると思われますので、中小企業の場合はとてもこれだけの金額は出ないでしょう。

そこで東京都産業労働局 労働相談情報センターが出している「中小企業の賃金・退職金事情（平成30年版）」※2のデータを見ると、高校卒の場合で1127万円、大学卒だと1203万円となっています。退職金や企業年金は「給料の後払い」的な意味合いを持っているものですから、定年まで働いたサラリーマンであれば、それらも自分の金融資産に含めてかまいません。いずれにしても退職金制度のある会社なら、1000万〜2000万円の退職金が前述の公的年金6〜7千万円に上乗せされますから、仮に自分の貯蓄がほとんどなくてもそれなりの金融資産を保有していることになります。

## 人的資産が大事

さらに資産にはもう一つあります。それが人的資産です。より正確に表現すれば「人的資本」と言った方がいいでしょう。資本というのはお金を生み出す力のことを言います。したがって、「人的資本」というのは人がお金を生み出す力、わかりやすい言葉で言えば働いて「稼ぐ力」のことです。人的資本を一番たくさん持っているのは言うまでもなく、学校を卒業して会社に入ったばかりの若い人でしょう。定年まで働ける時間を長く持っているからです。一方で彼らは、金融資産はあまり持っていません。ところが社会人として長く働けば働くほど、金融資産は増えますが、人的資本は減少していきます。つまりうまい具合にバランスが取れるようになっているのです。

定年時点で自分の貯金がほとんどなくても年金や退職金という金融資産を持っているので、金融資産はゼロではないと言いましたが、同様に60歳になったからと言って、人的資本が全くゼロというわけではありません。なぜなら60歳以降も働き続けることができれば、そこから新たにお金を生み出すことができるからです。もちろん定年を機に完全引退すれば、その時点で人的資本はゼロとなってしまいますが、昨今であれば、60歳を超えても働いている人は男性で8割くらいいます。60代後半だけに絞っても半数以上の人が働いているのです（平成30年版高齢社会白書）[※3]。であるとすれば、この人的資本の価値は大きいと言っていいでしょう。これについては第2章で詳しくお話しします。

いずれにしても60歳時点で資産なんて何もないと思うのは大きな間違いです。誰もが持っている金融資産と人的資産、それらの資産寿命を延ばすということについては、様々な方法があります。この本ではそれらの方法について少し視点を広げて考えてみたいと思います。

※1　https://www.mhlw.go.jp/toukei/itiran/roudou/jikan/syurou/18/index.html
※2　http://www.sangyo-rodo.metro.tokyo.jp/toukei/koyou/chingin/h30/
※3　https://www8.cao.go.jp/kourei/whitepaper/w-2018/html/zenbun/30pdf_index.html

## 2　資産寿命の延ばし方は一つではない

さて、それでは資産寿命を延ばすためには具体的にどういうことを考え、どんなことをすればいいのでしょうか？　具体的な方法や考え方については第2章以降で詳しくお話ししますが、ここではそもそも資産寿命を延ばすことの意味、そしてどういう方法が考えられるのかについて、ざっくりと見ていきましょう。

### 資産が不安な理由は？

そもそもなぜ資産寿命を延ばすことが必要なのでしょうか。それは端的に言えば医療技術の発達に伴って肉体的な寿命は延びる傾向にあるけれど、それに見合う資産が不十分ではないかという懸念があるからです。但し、実際に生活していくだけであれば、それほど過剰に心配することはありません。後程、年金の項目で詳しくお話ししますが、日常の生活費は公的年金でかなりの部分、カバーできるからです。贅沢な生活をしたいのであれば、公的年金だけでまかなうのは難しいですが、普通の生活をするのであれば、ほぼ公的年金だけでも大丈夫だというのが、定年後、既に7年を過ごした私の実感です。

では資産が十分ではないかもしれない懸念というのは何に対する不安なのでしょう。それは予測できない事態への対応にあります。具体的には医療や介護等、そして将来、有料老人ホームや老人福祉施設等への入所や生活にかかる費用です。自分が将来健康を害することになるかどうか、そして要介護になったとして、その状態がどれぐらい続くのかは誰にもわかりません。さらにはパートナーを含めた家族の有無やその人達を取り巻く状況も人それぞれです。したがって、自分が保有する金融資産や退職金などで手に入るお金があるのなら、それらはなるべく取り崩さずに延命させ、将来起こり得るリスクに備えることが必要なのです。

老後生活におけるお金のやりくりで理想的な方法は、

① 日々の生活は公的年金でまかなうようにする

② 趣味や楽しみのための費用は働いて得る収入やそれを貯めた資金でまかなう

③　退職金や自分の保有する金融資産はできるだけ取り崩さず、将来に備える
　と項目として挙げてみると、とてもシンプルなものです。ですが、実際に実行するとなるとルールや考え方をしっかりと持っていないと意外に難しい場合が出てきます。資産寿命を延ばすというのは、それほど簡単ではないのです。

## 投資を考える前に押さえるべき3つのポイント

よく世間では資産寿命を延ばすためには、持っているお金を運用して増やしましょうと言われます。大体、こういうことをおっしゃる方は金融業界の人か、それに近い立場でファイナンシャルプランナー（FP）などをやっている人に多いように思います。しかしながら、40年以上にわたって「投資」の世界で仕事をしてきた私から言わせると、この意見に対してはやや疑問に思っています。投資や資産運用について若い頃からやっていた人であればまだしも、何の経験もない人がいきなり退職金というまとまったお金で投資を始めるのは、極めて危なっかしいと言わざるを得ません。もちろん投資自体が悪いわけではありませんが、投資の結果は不確実なものです。投資で簡単にお金が増えるということは考

えない方が良いでしょう。そのあたりの投資や資産運用との向き合い方は第5章でお話ししたいと思いますが、ひとつ言えることは資産寿命の延ばし方は投資や資産運用だけではないということです。むしろ投資を考える前に有効な方法は3つあります。

**1. 働いて収入を得るようにする**
**2. 年金の受け取り方を考える**
**3. 支出をきちんと管理する**

まず「働くこと」ですが、収入を得るための基本は働くことであり、前述したようにそれは60歳を迎えてからもできないわけではありません。ところが多くの人は「60歳以降も働くなんて、ストレスが続きそうで嫌だ」と思っているでしょう。それに「60歳で定年になった後に働くと言っても、そんなに都合よく働けるところなんかないだろう」と思う人もいるかもしれません。でも60歳からの働き方は実に様々なやり方があります。工夫の仕方によってはストレスなく働き続けることは不可能ではないのです。

次に「年金の受け取り方を考える」ということです。年金の受け取り方は一様ではなく、様々なバリエーションがあります。ポイントとなるのは支払う税金をできるだけ少なくすることと、受け取り額を増やす工夫をすることとです。これは人によってケースが異なるので複雑に思えますが、原理原則を押さえればそれほど難しいことではありません。これについては次の節で説明したいと思います。

そして3つ目は「支出をきちんと管理する」ということです。資産寿命を延ばすには入ってくるお金を増やすか出て行くお金を抑えるか、どちらかしかありません。働いて収入を増やすなら良いですが、働かない場合、入ってくるお金は年金しかありません。これでは増やすにしても限度があります。したがって資産寿命を延ばすには支出をきちんと管理して抑えることがとても大切です。これについては最近話題になった「2000万円問題」も含めて第3章で具体的な方法について詳しく考えてみましょう。

このように資産寿命を延ばすための方法はいくつかあります。それらのうちのただ一つだけをやればいいというのではなく、これらを組み合わせることも必要です。いずれにしても「資産運用をすれば資産寿命が延ばせる」という単純なものではなく、いろんな要素が複雑に組み合わさり、その方法は人によって様々だということはまず知っておいていただきたいと思います。

## 3　年金の受け取り方で資産寿命を延ばす

前節で資産寿命の延ばし方は一つではないというお話をしましたが、働かなくても、あるいは支出を抑えなくても資産寿命を延ばす方法があります。それがこれからお話しする「年金の受け取り方で資産寿命を延ばす」という方法です。ここで言う年金というのは、あくまでも公的年金の話です。企業年金やiDeCo（個人型確定拠出年金）と組み合わせて受け取るやり方は他の章でお話しします。ポイントは二つあります。一つはいつから貰い始めるのかを考えること、そしてもう一つはできるだけ税金を節約することです。

### 65歳から受給するのが得

まず年金を貰い始める時期についてお話ししてみましょう。一般的に公的年金の受給開始年齢は原則65歳からです。ところがこれは65歳からしか受け取れない、あるいは65歳になったら受け取らなくてはいけないということではなく、繰り上げて受け取ることもできますし、逆に繰り下げて受け取ることも可能です。具体的に言えば繰り上げも繰り下げも最長5年間早めたり遅くしたりすることができるのです。そしてこの場合、当然ですが繰り上げすると支給額は減り、繰り下げると支給額は増えます。どれぐらい増減があるかというと、繰り上げる、つまり早めに受け取る場合、1カ月繰り上げる毎に0・5％減額となりますから、もし65歳から受け取る年金を60歳まで早めると30％減額となり、それが生涯続きます。「でもいつまで生きるかわからないのだから、早くから受け取ったほうが得ではないか」と思われる人もいるかもしれません。しかし、図1に示されているように、60歳で貰い始めてから16年と9カ月、つまり76歳9カ月の時点で、繰り上げ、繰り下げの受け取り総額は逆転し、本来の65歳から貰った方が多くなるのです。

## 受け取り年齢を遅らせたら?

では、70歳まで繰り下げる、つまり先程とは逆に受け取りを遅らせる場合、どれくらい増えるのでしょうか。こちらは1カ月遅らせる毎に0・7％ずつ増えますので、70歳まで遅らせた場合、42％支給額が増えます。こちらが逆転するのは70歳から受け取り始めて11

**図1　年金受給開始年齢の繰り上げ、繰り下げ**

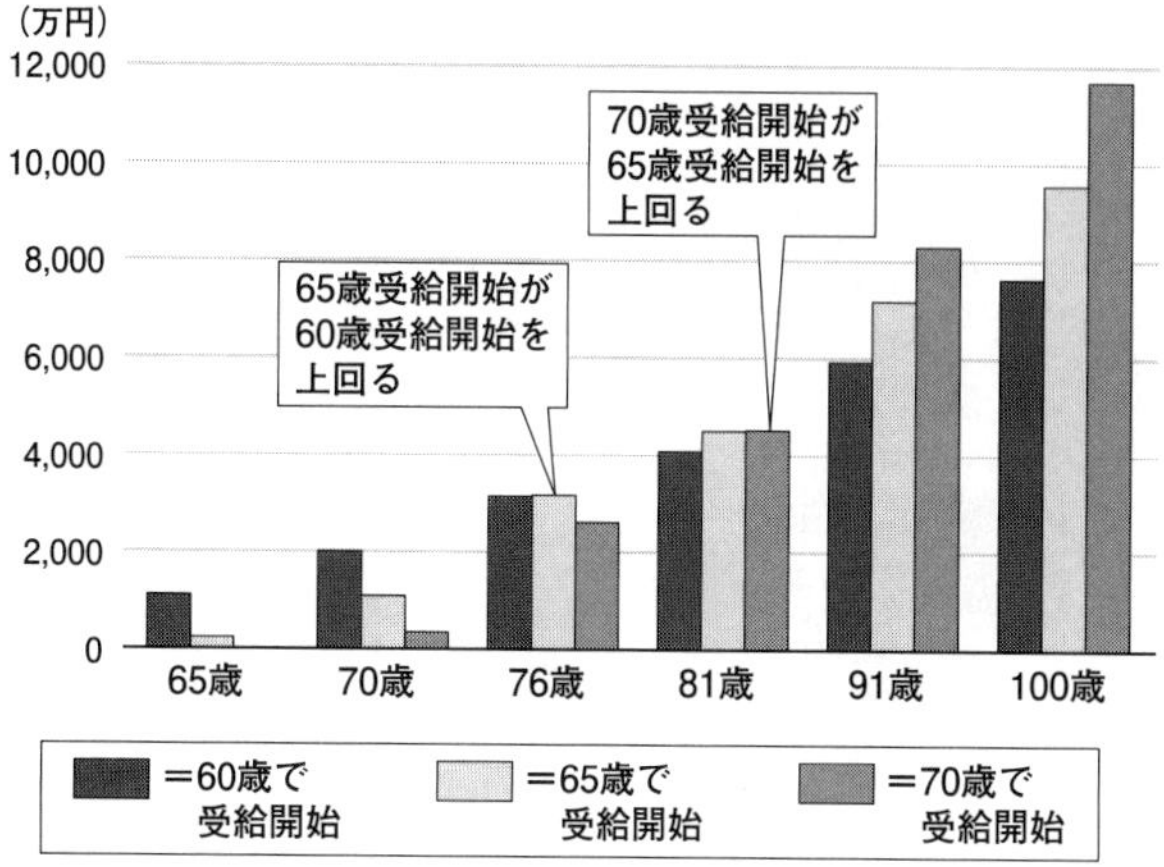


年11カ月なので、81歳11カ月を超えると、その後はどんどん差が開いていきます。今は人生100年時代と言われていますので、仮に100歳まで生きた場合、その差はどれくらいになるのでしょう？　仮に夫婦で年金を月額22万1277円（モデル世帯2018年）とした場合、その差は約2100万円にもなります。[※1]

「そんな100歳まで生きるわけないよ。だって早死にしたら貰い損になるんでしょ？　だったら早く貰った方が得に決まってるよ」そう考える人は早く貰えば良いと思います。でも、後程くわしく触れますが年金の本質は保険です。損得で考えるべきではありません。万が一長生きした時にお金が無くなってしまうことを考えたら、延ばせるものなら後にずらした方が安心ではないでしょうか。それに死んでしまえば損も得もありません。長生きした時の生活を豊かにするのが年金の繰り下げと知っておいた方がいいでしょう。ちなみに60歳で早めに貰う人と70歳から貰う人を比べてみると100歳で比べた場合は約4000万円の差が出ます。ひょっとしたら資産寿命を延ばす一番良い方法が年金の繰り下げ受給なのかもしれません。

## 年金の貰い方でも差が出る

年金繰り下げほどインパクトは強くありませんが、年金の貰い方によっても差が出てきます。具体的に言うと、税金がかかるかかからないか、です。年金を受け取った場合、「公的年金等控除」という税制優遇がついていて、一定額までは受け取っても税金がかからないようになっています。具体的な金額は65歳未満までが、年額70万円、そして65歳以上の場合が年額120万円です。

さらに、公的年金の場合、受け取り金額は決まっていますが、企業年金の場合多くの会社では全体の内、一部を一時金、そして残りを年金として受け取ることを選べます。この場合、一時金で貰う分は「退職所得控除」で相当な金額まで税金がかかりませんし、年金で貰う場合は先ほどの公的年金同様、「公的年金等控除」が適用されます。

したがって①働く、②公的年金の受け取り開始時期を決める、③企業年金の受け取り方式を決める、という3つのアクションの組み合わせによっては税金をかなり少なくすることができます。この組み合わせは少しややこしいので、詳しくは第4章でお話ししますが、ごく簡単に言えば、働くことによって、できるだけ公的年金の受け取り開始を遅らせ、企業年金は非課税になる部分まで一時金で受け取り、残りを年金で受け取る、これによって、可能なかぎり税金も少なくすることになります。

もちろん、この場合は60歳以上も続けて働くということが前提にはなりますが、ちょっとした工夫をすることで、何もしない場合に比べて税金が年間何十万円も違ってくるという場合もあります。年金の受け取り方というのはかなり重要なポイントだということを覚えておいてください。

※1

・65歳から受給した場合の100歳までの受け取り総額

22万1277円×12カ月×36年≒約9559万円……①

・70歳から受給した場合の100歳までの受け取り総額

22万1277円×1・42×12カ月×31年≒約1億1688万円……②

②−①＝2129万円

## 4　退職金の意味を間違えない

この章では、いかに資産寿命を延ばすかについて、いくつかの基本的なルールを考えてきましたが、資産寿命を延ばすにはお金を増やすだけではなく、今持っているお金をいかに減らさないようにするかということも大切です。そこで、この節では大きなお金のかたまりである退職金について考えてみたいと思います。退職金というのは多くのサラリーマンにとっては、恐らく生涯において唯一まとまって手にするお金ですから、これを間違って失ってしまっては取り返しがつかないからです。

### お金を減らさない方法は？

早速ですが、はじめに簡単なテストをしてみたいと思います。退職金に関する次の10の項目の内、自分が当てはまる、あるいはそうだろうと思う項目にチェックを入れてみてください。

□ 退職金が出たら、そのお金で妻と二人で世界一周をしたい
□ 毎月の家計の赤字が出たら、退職金から補塡するつもりだ
□ 退職金を少しでも増やすために投資を始めたい
□ 銀行や信託で高い金利の預金がつく「退職金運用プラン」に預けるつもりだ
□ 退職金は年金では貰わず、全部一時金で貰う予定だ
□ 退職金を元手にあこがれていたお店をオープンしたい
□ 退職金は長年働いた自分に対するご褒美だと思っている
□ 退職金でローンの残りは全て返してしまおう
□ 孫のためなら出し惜しみせずにお金は使いたい
□ 退職金があるので趣味はおおいに楽しみたい

さて、あなたはこの内いくつにチェックしましたか？　あなたの「老後破綻危険度」は一体どれぐらいなのか、見てみましょう。

**チェック0**　あなたはほぼ老後破綻の心配はありません。安心していいでしょう。
**チェック1〜3**　普通にしていればほぼ大丈夫ですが、「退職金で投資を始める」と「退職金でお店を開業」にチェックが入った人は注意してください。
**チェック4〜7**　やや危険です。退職金の使いみちと意味をもう一度よく考えてみてください。
**チェック8〜10**　かなり危険です。一旦白紙に戻して退職金のことを考え直しましょう。

普通の生活費だけであれば、サラリーマンの場合、年金だけでも十分に暮らしていけます。しかしながら、退職金は老後に起こり得る様々なリスクに対しての備えとしては非常に大切なものですから、安易に使ってしまってはいけないのです。

多くの人は退職金について、二つの大きな勘違いをしています。それは私の前著『定年前　50歳から始める「定活」』（朝日新書）でも書きましたが、①「退職金は長年働いたご褒美だ」と思ってしまうことと、②「退職金は余裕資金だ」と思ってしまうことです。そのために思い付きで豪華な旅行に使ってしまったり、知識も経験もないまま、投資して大きく損失を出してしまったりすることになりかねないということを前著ではお話ししました。

## 退職金で気をつけたい４つのポイント

それらに加えて、今回「資産寿命を延ばす」という観点から考えた場合、追加的に注意をしておいた方がいいことについて、いくつか述べたいと思います。

### 1．赤字補塡に退職金を使うのは禁物

まずは公的年金の範囲内で生活するということを考えるべきです。前述の夫婦二人の場合のモデル年金額である22万円あまりで生活できるようにすることが第一です。それで足りないのであれば、足りない分はできるだけ働いて補うべきです。膨れた生活費を戻すのは結構大変です。まずは年金収入の範囲内で生活し、退職金からの補塡はせずにできるだけ温存すべきでしょう。

## 2．退職金運用プランには注意

銀行や信託銀行などで退職者向けに普通よりもかなり高い金利の付く預金を売り出していることがありますが、これに飛びつくのも考えものです。そもそもそんな特別に条件の良い預金金利を出しているのは退職金を取り込みたいためであって、そんな有利な金利が今後もずっと続くと考えない方がいいでしょう。よく見ると、高い金利は当初3カ月ぐらいの期間のものがほとんどです。次に満期になった時に手数料の高い投資信託を勧められたり、そもそも最初の段階で投資信託とセットになったりしていることもあります。細かく書いてある説明の文字も含めて十分に吟味することが必要です。

## 3．退職金を元手にお店をオープン、は要注意

定年後に夢を実現するということから、こういうプランを考えている人もいます。退職後にお店を開くこと自体は良いことだと思います。ただ、そのためには計画をしっかり持つことが必要です。手元にまとまったお金があるからという理由だけで収益性や将来のビ

ジネス展開も考えずにお店を開くのは危険です。しかも退職金を注ぎ込んで無計画にやってしまうと、気が付けばあっという間に無くなってしまうということも起こり得ます。

第6章では、実際に堅実なビジネスプランでカフェを開業した人の例が登場しますので、参考にしてみてください。

## 4．退職金への過信は禁物

項目の最後の3つは、いずれも退職金を過信してしまって起こりがちなことで、よく考えずに使ってしまった結果、後で資金に窮することが起こりかねないという例です。可愛い孫や楽しい趣味にお金を使うのは良いですが、程度を考えましょう。当たり前ですが、お金は使えばなくなります。退職金は打ち出の小槌ではありません。また、住宅ローンの残債を返済してしまうのは悪いことではありませんが、手持ちの現金に余裕があるならともかく、そうでないのなら急いで返済して手元に現金がなくなってしまうのはあまり好ましくありません。それに今は史上空前の低金利なので、まだ返済期間が長いとか、金利が高いというのであれば、借り換えを優先しても良いと思います。

さらに理想を言えば、退職金は一時金で受け取るよりも年金で受け取る方が良いこともあります。このあたりは第４章で詳しくお話をしますが、いずれにしても退職金の使い方や運用には十分注意をしておくことが資産寿命を延ばす上では重要なことだと思います。

# 第2章　働いて資産寿命を延ばす

## 1　60歳でも人的資本はゼロではない

資産寿命を延ばす方法は色々ですが、私はやはり何と言っても働くことが一番だと考えます。前章でも述べたようにお金を生み出す方法は「人的資本」と「金融資本」の二つがありますが、やはりそのパワーが大きいのは「人的資本」すなわち〝稼ぐ力〟だからです。私に言わせれば持っているお金を上手に運用して資産寿命を延ばすというのは二の次、三の次であって、本当に大事なのは元気で働き続けることでキャッシュを産むことです。そして、仮に60歳であっても、そこから働くことを一切止めない限り、その人の人的資本、すなわちお金を生み出す力はゼロではありません。そこでこの章では働いて資産寿命を延ばす、ということをテーマとして考えてみたいと思います。

### 「将来受け取るお金」の価値を考えよう

具体的に、60歳以降も働くことでどれぐらい資産寿命を延ばすことができるのでしょうか？　図2をご覧ください。「何歳まで働くのか」、によって得られる収入の合計は違ってきますが、この表は働き終える年齢毎に得られる収入を、それぞれ60歳時点での価値に置き換えたものです。仮に月収20万円で5年間働いたとすると、得られる収入の合計は20万円×12カ月×5年＝1200万円となります。でもこれは5年間働いた後の合計です。60歳時点での価値ではありません。現時点で、その人にどれぐらいの人的資本があるのかを試算する場合、「将来受け取るお金を今の価値に換算すればいくらになるか」を考える必要があります。その結果、現在の価値は5年後よりは少し少なめの1176万円となるわけです。

**図2　60歳以降、何歳まで働くかによって人的資本は異なる**

| 何歳まで働くか? | 割引現在価値 |
|---|---|
| 65歳まで働いた場合 | 1,176万円 |
| 70歳まで働いた場合 | 2,320万円 |
| 75歳まで働いた場合 | 3,461万円 |
| 80歳まで働いた場合 | 4,569万円 |

年収240万円、割引率2%で計算

　この数字は何を意味しているのかと言えば、60歳の時点で65歳まで働くという意思を決めた時点で、その人には1176万円の人的資本の価値があるという意味なのです。同様に70歳まで働けば2320万円、75歳まで働けば、何と3461万円もの価値が生まれます。これなら一般的に言われている老後のお金の不安はほぼ無くなってしまうと言ってもいいでしょう。

ところで、この計算の前提となる年収240万円、すなわち月に20万円を得ることは果たして可能なのでしょうか？　それはケースバイケースと言って良いでしょう。でも到底実現不可能という数字ではありません。図3を見てください。これは国税庁の「平成29年分　民間給与実態統計調査」に載っている数字です。男性を例にとると60～64歳までの平均は年収508万円、65～69歳までが393万円、そして70歳以上で見ても353万円となっています。もちろんこれは平均ですし、民間給与実態統計ですから、自営業の人は入っていません。したがって、この数字だけを見て「こんなに稼げるのか！」と考えるのは早計かもしれませんが、少なくとも年収240万円を

**図3　年齢階層別の平均年間給与**

| 年齢 | 男性 | 女性 |
|---|---|---|
| 60～64歳 | 508万円 | 232万円 |
| 65～69歳 | 393万円 | 203万円 |
| 70歳以上 | 353万円 | 208万円 |

国税庁　平成29年分　民間給与実態統計調査
－調査結果報告－（平成30年9月）より

稼ぐというのは、それほど難しい話ではなさそうです。

　ただ、女性の場合は残念ながら金額はかなり少なくなります。元々生涯年収で言えば、女性の方が不利なのが現実ですからやむを得ないかもしれませんが、それでも２００万円台は維持できていますので、前述の人的資本の価値から大きくかけ離れることは無いと言っても良いでしょう。

　このように定年後も可能な限り働き続けるというのは資産寿命を延ばすという点では非常に大きな効果があります。さらに言えば、将来起こり得るリスクへの対応という点でも働き続けることには意味があります。次の節ではその意味について考えてみます。

## 2　働いて退職金や貯金を温存することの意味

働き続けることで安定したキャッシュを生み出すことが資産寿命を延ばす一番の方法であることはお話しした通りです。でもそもそも「資産寿命を延ばす」というのは一体何のためにやるのでしょうか？　別にそんなことをしなくても入ってくるお金と持っているお金で人生を楽しめばいいわけで、あえて資産寿命を延ばさなければならない意味がわからない、という人もいるでしょう。一番大切なことはお金を持っていることではなくて人生を楽しむことであるというのはその通りです。

### 将来のリスクは考えておこう

ところが年を取ると、様々なリスクが生じてきます。病気、介護、認知症といったリスクはいつ起きるか、予想はつきません。楽しく暮らしていたはずが、ある日突然病魔に襲われるということも起こり得ます。さらに一緒に暮らしていたパートナーに先立たれることもあるでしょうし、将来、高齢者向けの施設や住宅に入居することもあり得ます。こうした施設は民間の場合、本当にピンからキリまであり、入居する際にかかる費用も数十万円から数億円ととても幅が広いのです。しかしながら、ある程度快適なところに入りたいと思ったら、やはり数百万円から一千万円を超える金額ぐらいは考えておいた方が良いでしょう。だとすればやはりキャッシュを持っていることは極めて大切だと言えます。それに、病気や介護などのこうしたリスクに対して一番必要なのは保険ではありません。キャッシュを持っていることです。

## 年を取ると、保険よりも大事なのは貯蓄

病気に対する備えは公的医療保険があれば十分で民間の保険は不要です。例えば入院した時に多額の治療費や入院費がかかっても高額療養費制度を使えば自己負担は少なくて済みます。仮に入院費が月100万円かかったとしても、個人が負担するのは8万7430円です。[※1] 特に70歳以上の場合、現役時代と同じぐらい稼いでいる人は別として年収が約156万～370万円の人、すなわち年金だけの収入の人であれば、自己負担の上限は5万

7600円です。民間の保険であれば年を取れば取るほど保険料は高くなるのが普通です。年を取ると病気のリスクが高くなるのは当然だからです。ところが公的医療保険は逆に年を取るほど負担が少なくなる仕組みになっているのですから明らかにお得です。基本は公的医療保険があれば十分で、それでまかなえない部分だけ、自分の貯金から使えば良いのです。

これは介護の場合も同様で、公的介護保険ではカバーできない諸費用については民間の介護保険に入るよりも貯金しておく方が合理的です。お金の良いところは、貯めておきさえすれば使いみちは後で自由に決められることです。仮に介護が不要だったり、病気をしなかったりしたのであれば、他の楽しみに使うこともできるのが貯蓄の良いところなのです。したがって、保険に入るぐらいなら、払い込む保険料を貯蓄に回す方が良いでしょう。目的を限定した保険というのは、「自分のお金でまかなえないような巨額の支出に備える」というのが本来の使い方で、やはり原則は自分でお金を蓄えておくことです。

## 貯蓄や退職金は「先延ばし」を

そういう観点で老後を考えてみると、自分の持っている貯蓄や退職金などはできるだけ使わずに先延ばしした方が良いのです。その辺りの原理原則は、第1章の2でもお話ししましたが、以下の3つです。

① 日々の生活は公的年金でまかなうようにする
② 趣味や楽しみのための費用は働いて得る収入やそれを貯めた資金でまかなう
③ 退職金や自分の保有する金融資産はできるだけ取り崩さず、将来に備える

もう少し詳しく解説すると、この3つのルールの内、絶対に守るべきことは③の「金融資産は取り崩さずに将来に備える」ということです。仮に①のルールが守れず、日々の生活費が年金だけではまかなえないのならその補塡を退職金や貯金から出すのではなく、働いて得た収入から補塡すべきです。その場合は②の趣味や楽しむための費用は少しセーブする必要があるでしょう。

つまり年金及び働いて得る収入で生活を楽しみ、将来のリスクに備えるために退職金や貯蓄を延命させることが大事なのです。けれども、結局使わないまま死んでしまったらもったいないじゃないか、と思われるかもしれません。それは確かにその通りでしょうが、

人間はいつ死ぬか誰もわかりません。それに、そもそも死んでしまえばもったいないも何もありません。ここで言っているのはケチケチと節約をしながらお金を貯め込んでいこうということではなく、定年後も人生はおおいに楽しむべきだということなのです。そのために働いて得る収入で人生を楽しみましょう、そして持っている金融資産は、その寿命をできるだけ延ばして将来のリスクに備えましょう、という主義でいくべきではないでしょうか。

※1　69歳以下、年収約370万〜770万円の場合

## 3　働いても年金が減らないようにするには？

60歳以降も働き続けることが重要と言いましたが、働くにあたって、気を付けておくべき重要な点があります。それは年金が減らないように注意することです。現在は「在職老齢年金」という制度があり、60歳以降、厚生年金に加入して働いた場合、その収入と年金を合計した額が一定金額以上になると年金の支給が一部停止になるというものです。具体的なその金額は60歳以上65歳未満であれば、月額28万円を超えた場合、そして65歳以上の場合は、月額47万円を超えた場合に一部が停止されることになります。ただし、これは厚生年金の場合であって、基礎年金については支給停止されません。

### 働くと年金が減る「在職老齢年金」

第1章で「年金の繰り上げ受給」についてお話ししましたね。本来なら65歳（生年によっては63歳とか64歳）からしか受け取れない年金も、希望すれば60歳から受け取ることができるということでした。ところが厚生年金に関してはもし60歳から繰り上げで受け取り始めると、やはりこの「在職老齢年金」の対象となり、支給される年金額が給料と合わせて月額28万円を超えると、支給が一部停止となるのです。

なぜ、そんなことになるのでしょう？　本来、年金というのは働けなくなった後の生活をまかなうためのもの、という考え方でしたから、それなりの収入がある人なら年金を減らしてもいいのではないか、というのが制度の趣旨なのでしょう。しかしながら、人生100年と言われ、高齢者の労働参加が国の方針としても打ち出されてきている時代です。今後は定年延長も含めて現在よりも長い期間働く方向になりつつあります。そんな時代に働けば年金が減らされるというのはいかにも理不尽であるような気がします。

## 「在職老齢年金」は廃止へ？

そこで政府もこの「在職老齢年金」の制度を廃止する方向を打ち出しました。2019年6月21日に閣議決定された「経済財政運営と改革の基本方針（骨太の方針）[※1]」において、速やかに制度の見直しを行なうことが明記されています。もちろん、方向性が打ち出されただけですので、まだ法案も制度の中身も決まったわけではありませんから、現時点ではまだ何とも言えません（追記：どうやら今回は、60歳以上65歳未満までの上限数を月額28万円から47万円に引き上げることだけは決まるようです）。しかしながら、いずれは廃止される可能性もありますから、そうなれば気にすることなく思い切って働いて多くの収入を得ることができるようになります。

ただ、そうなるまでにはしばらく時間がかかるでしょうから、それまでの間、年金を減らされることなく働くには一体どうすればいいかを考えてみましょう。最も簡単なのは、上限額が決まっているわけですから、その金額の範囲内で働くことです。でもそれではせっかく働ける機会があっても低い報酬しか受け取れません。そこで次に考えられるのは、働き方を変えることです。具体的に言えば、サラリーマンとして働くのではなく、自営業として働くことです。

## 働き方によっては年金が減らない

在職老齢年金が適用される条件は、その人が厚生年金の加入者であることです。そして厚生年金に加入する必要があるのは、会社と雇用契約を結んで働く場合です。だったら、そうせずに自営業で働くようにすれば良いのです。自営業であれば、いくら稼いでも年金が減額されることはありません。自営業と聞くと、なにやらハードルが高く思えますが、それほど難しいことではありません。実態はサラリーマンでも形式を自営業にすればいいのです。どういうことかというと、「雇用契約」で働くのではなく、「業務委託契約」で働くのです。自分を個人事業主と規定し、会社から業務を委託する、という方法です。

ＩＣ（インディペンデント・コントラクター）という名前もあり、こういう働き方を支援する団体もあります。直訳すれば「独立業務請負人」とでも言うのでしょうか、まさに会社との雇用契約ではなく、業務委託契約で働く形態です。会社側から見れば、必要な仕事だけ委託し、必要が無ければ契約は解除できますし、社会保険料を負担しなくても良いわけですから、メリットは大きいと言えます。一方、働く側からすれば、前述の在職老齢年金が適用されないというメリットに加え、複数の委託先と契約することもできますから、余裕があればいくらでも働いて収入を増やすことができます。つまり従来の慣行にこだわらなければ双方にとってメリットのある方式なのです。

私も7年前に定年になった時に半年だけ再雇用を経験しましたが、その際、「業務委託契約で働けないか?」と訊ねたところ、「前例がない」ということで却下されました。しかしながら時代は変わってきています。ひょっとしたら、あなたが今勤めている会社も再雇用にあたっては、業務委託契約を結ぶことが可能になっているかもしれません。年金を減らされずに働けるというメリットだけでなく、新しい働き方として考えてみるのも良いかもしれません。

※1 「経済財政運営と改革の基本方針(骨太の方針)」2019年6月21日、14ページ
https://www5.cao.go.jp/keizai-shimon/kaigi/cabinet/2019/2019_basicpolicies_ja.pdf

## 4　60歳からの転職、成功の秘訣は？

60歳からの働き方には様々なパターンがあります。やはり最も多いのは今勤めている会社で再雇用されて働くという方法でしょう。データで見ても60歳で定年退職した人の84・4％が継続雇用で働いています（厚生労働省、平成30年「高年齢者の雇用状況」プレス発表資料より　https://www.mhlw.go.jp/content/11703000/000398101.pdf）。

ただ、前著『定年前』にも書いたように、同じ会社に再雇用されて働くというのは必ずしもベストな選択とは言えません。むしろ転職したり、自分で独立したりする方が、はるかに楽しく、かつストレス無く働くことができるのは間違いないでしょう。そこで、〝働いて資産寿命を延ばす〟ことをテーマとした本章では、転職と起業についても触れます。

### 「今の仕事を頑張ること」が転職で成功の秘訣

60歳になっての転職は難しいと考えている人は多いと思います。しかしながら、定年後に転職した多くの人を見てきた私から言わせると、決してそんなことはありません。定年後に新たな仕事を探すために良い方法はいくつかありますが、基本は自分のコネやツテをフルに使うことです。前著でも書きましたが、ハローワークなどでは、自分のやりたい仕事や満足できる仕事に巡り合うことは難しいでしょう。

では、その中でも定年後に転職する最も良い方法、それは単純過ぎるぐらいの話ですが、「今の仕事を頑張ること」です。サラリーマンは誰もが「会社の仕事」をしていると思っていますが、会社というのは単なる〝場〟に過ぎません。自分がやっているのは「会社の仕事」などという抽象的なものではなく、もっと具体的な「営業」とか「経理」とか「総務」といった専門業務なのです。もちろん大企業の場合は、度重なる部門間異動のために、専門性があまりないゼネラリストのような人の場合もあるでしょうが、それにしても自分が一番長く経験した部門の仕事はあるはずです。そしてそれが自分の専門、得意分野のはずです。そこで頑張って能力を発揮すれば、当然社内では昇格することになるでしょう。

## メリットは社外にもある

ところがメリットがあるのは決して社内だけではありません。その分野で頑張ることによって社外にも名前が知られるようになります。特に研究部門や営業部門であれば、同業者の中で知られるようになるということはよくあることです。一見、外とはあまり縁の無い「総務」とか「経理」といった職種でも実は出入りの業者や監査法人といった外の人とは何らかの形でつながっています。つまり今の仕事を頑張れば頑張るほど、社内だけではなく、外部からも一目置かれることになるのです。

ちょうどプロ野球のトレードのようなもので、散々抑え込まれたピッチャーや、ピンチに長打を打たれたバッターは憎い存在ですが、味方になってくれたら、これほど心強いことはありません。言わば「敵ながらアッパレ」という状況になったら、定年になった時に同業他社から声がかかることはおおいにあり得ることです。私も定年後に2社からありがたい打診をいただきました。私の場合は、お誘いいただいた仕事が残念ながら自分のやりたいものではありませんでしたが、それがもし自分の得意分野でやりたい仕事であったなら、恐らく転職していたでしょう。なにせ、「求められて行く」というのであれば、強い立場になるわけですから、行かない選択肢はありません。

## 若い人と一緒に働くということ

そしてもう一つ、60歳からの転職がうまく行くケースは、設立してから年数があまり経っていない、若いスタートアップ企業に転職するという場合です。若い企業の経営者には優秀な人が多いですが、それはあくまでも自分たちのビジネスに関しての話です。それらの企業が提供するサービスや商品、そしてビジネスモデルはとても優れたものが多いのですが、一方では会社が若いために組織全般にまで十分手が回っていません。例えば営業が弱かったり、経理については税理士や会計士に任せていたりすることも多いのです。まだ規模が小さい内はそれでも何とかなりますが、ある程度の規模になってくると、社内でそういう専門の部署が必要になってきます。

すなわち、会社によって、どこかしら弱い部分はあるはずですが、自前で人を育てるというような悠長なことはできません。したがって、ベテランの人が取れるならぜひ取りたいと思っているスタートアップ企業の経営者は意外と多いのです。私もそんな若い経営者から相談を受けることもあります。

「金融のことがわかっていて営業のできる人はいませんか？」

「会社が大きくなりつつあるので、社内制度の整備やオフィスの拡張は今後増えてきます。庶務の仕事をやってきたベテランの人がいたら紹介してほしいのですが……」

## 60歳からの転職は決して難しくない

こうしたニーズは、会社によって様々に異なりますから、求人も一様に行なうのではなく、人を介して探すことになるケースが多いのです。したがって、自分が直接、間接を問わず、人とのつながりを広げていくことで、このような求人ニーズに出会うことも増えてくるでしょう。中には若い人の下で働くことに抵抗がある人がいるかもしれません。しかし若い人と一緒に働くことはおおいに刺激になります。それに年を取ると誰もが独善的で上から目線になりがちですが、若い上司の下で働くことはそうした独善的な態度に陥ることを防いでくれることにもなります。

60歳からの転職は決して難しいわけではありません。自分の専門性＝自分にできることを頑張って磨くこと、そして人とのつながりを多く持つことで、チャンスは生まれてきます。要は自分が主体的に動いて努力しないことにはうまくいかないというごく当然の話です。ただハローワークに行って仕事を探しても、自分がやりたい仕事や自分の得意な仕事に巡り合う可能性は低いと考えるべきでしょう。

# 5　定年起業はローリスク・ミドルリターン

私はサラリーマンが定年になった後も引き続き働くのであれば、「起業」することを一番お勧めしています。「起業」というと何だか大げさに聞こえますが、ただ単に、人に雇われて働くのではなく、自分自身の裁量で働くようにする、要するに自営業になるということです。形態は法人でも良いし、個人事業主でもかまいません。雇用者になるのではなく、極小でもいいから一国一城の主になるという働き方です。

## 定年後の起業が〝お気楽〟でもいい理由

私は色んなところでこの話をしますが、必ずといっていいほど、反論が返ってきます。「起業なんて無理に決まっていますよ」、「サラリーマンをやってきたのだから特別な能力も才能もあるわけない」。たしかにこういう反論をする人の気持ちはよくわかります。私も現役時代には起業するなんて絶対に無理だと思っていました。でもこういう反論をする人達が考えている「起業」というのは、会社を作って、事務所を開き、人を雇って事業をし、いずれは上場を目指す、くらいのことをイメージしているのではないかという気がするのです。それは確かに無理です。60歳からそんなことができるのは余程の人でない限り難しいでしょう。でもそんな大げさに考える必要はありません。前著『定年前』でも書きましたが、現役時代と同じぐらい稼ぐ必要はなく、月に数万円でも収入が入ってくれば充分と考えていいのです。

## 定年起業がローリスク・ミドルリターンな理由は?

結論を言うと定年起業は「ローリスク・ミドルリターン」なのです。なぜなら、60歳で会社を引退してから起業するのであれば、多くの人は、仮に仕事が来なくても食べる心配をしなくても良いからです。60歳で定年を迎える時に貯蓄がゼロという人はあまりいないでしょう。いくばくかの蓄えはあるはずです。仮に十分な蓄えがなくても、サラリーマンであれば、退職金、場合によっては企業年金もあります。もちろん会社によっては退職金も企業年金もないということもありますが、その場合だって公的年金があります。元々自営業だった人と違って、サラリーマンの場合は厚生年金がありますから、比較的厚い給付が受けられるのです。それに公的年金は、原則65歳からですが、繰り上げで支給を申請すれば60歳から受け取ることだって可能です。

これが30歳や40歳で起業した場合、蓄えもない上に仕事が来なければたちまち食べて行くことができなくなります。つまり若いうちの起業というのはそれなりにリスクを負わなければなりません。これに対して定年後の起業は、少なくとも経済的なリスクは大きくありません。借り入れをしたり、規模を大きくしようとしたりしなければ大丈夫です。さらに言えばリターンはそれほど大きくする必要はないのです。前述のように年金を受け取りながら働くわけですから、せいぜい日常生活費プラスアルファ分、自分の趣味とか旅行を楽しめる分ぐらいが稼げれば十分です。だからローリスク・ミドルリターンなのです。

私自身、会社にずっと残ることをせず、自分で独立して商売をやっていこうと決心したのは60歳の定年前ギリギリでした。それまで何も準備をしていなかったため、起業はしたものの、仕事なんてほとんど来ない日々が1年以上続きました。でも不安もなければ、焦りもありませんでした。「このままずっと仕事が来ないのなら事務所をたたんで元の年金生活に戻ればいいや」と考えていたので、非常に気が楽だったからです。

自分のやりたい仕事しかやらない、と心に決めていたため、最初のうちは、なかなか仕事は来ませんでした。これは贅沢と言えば贅沢な話で、年金を貰う立場だから、こんな贅沢が言えるのです。でもそのおかげで自分のやりたい仕事の軸がブレることがなかったせいか、地道に活動を続ける内に、少しずつ信用が得られるようになり、最初は来なかった仕事もぼつぼつとやってくるようになりました。

## 自由の翼を手に入れた！

仕事のペースやボリュームは人によって様々です。起業した途端に仕事に恵まれるという人もいれば、私のように1年以上もまともに仕事ができないこともあります。でも焦る必要はまったくありません。サラリーマンは、何もしなくても上から仕事が来ますから、仕事がない状態になると不安になるのです。でも自営業の場合は何もないところから始めるのですから、仕事がないのが通常の状態です。ちゃんと仕事をできるようになるまで、それなりに時間がかかるのは当然なのです。

84歳で世界最高齢のプログラマーと言われている若宮正子さんは60歳でそれまで勤めていた銀行を退職し、パソコンの勉強を始めた時、「ああ、私は60にして翼を手に入れた」と思ったそうです。私も60歳で事務所を立ち上げた時は「これでようやく自由を手に入れた」と感慨深かったことを思い出します。会社というくびきから解かれ、翼を、自由を手に入れることができるのですから、自由に楽しく働いてみるということに挑戦してみてはいかがでしょうか。きっと新しい世界が開けてくるに違いありません。

# 第3章　収支がすべて

## 1　サラリーマンで資産家になった人に共通すること

私は長年、証券会社で仕事をしてきたので、様々なお客さんを見てきました。自分が担当した個人のお客さんの数は2万人をくだらないと思います。そしてそんな中には想像もつかないような大金持ちの人も多くいました。個人で10億円以上の資産を持っているということであれば、それは相当な資産家と言えるでしょう。ところが多くの人が考えているのと違い、こういう資産家の中にはごく普通のサラリーマンも多いのです。彼らには二つのパターンがあります。一つは親から遺産を相続した人、まあ、こういうパターンなら資産を持っていても当然でしょうが、こういう人は割と少数なのです。そしてもう一つはサラリーマンとして普通に働きながら資産をこしらえた人です。

### 実行し続けることが重要

「普通にサラリーマンをやっていてそんな資産家になれるわけがないじゃないか」と思う

かもしれませんが、これは事実です。では彼らに共通することは一体何なのか？　どうして彼らは普通のサラリーマンをやりながら資産家になれたのでしょう？　その最大の理由は「収入以上にお金を使わなかった」ことです。こう言うと、「そんなこと当たり前じゃないか」と思うかもしれません。確かにこれは当たり前過ぎるような話で誰でも当然だと知っています。ところが〝知っていること〟と、それを〝実践すること〟は違うのです。無駄な支出に気を付けるべきだということは誰もがわかっていることですが、それを実行する、それも一時的ではなく、ずっと実行し続けるということは案外難しいものです。でもそれをずっと実行し続けることができた人達こそが、サラリーマンでも資産家になれたのです。

## サラリーマンはお金を貯めやすい

多くの人は「お金持ち」というと、医者や企業オーナー、タレント等を思い浮かべるでしょうが、実はそんな人達よりもサラリーマンの方がずっと安定してお金持ちになっています。なぜならサラリーマンの方が、キャッシュフローが読めるからです。オーナーやタレントさん達は一見華やかですが、実はごく一部の人を除いて収入が安定していません。つまり浮き沈みが激しいのです。一方サラリーマンは基本的には固定収入がありますから安定しています。支出についても企業経営者は時には商品をたくさん仕入れなければならなかったり、設備投資の必要が出てきたりと、意図せざる支出が生まれます。タレント等の人達は元々が人気商売ですから当然、生活自体が派手になりがちで、支出は多くなるだろうことは容易に想像できるでしょう。これに対してサラリーマンの支出は、月によって異なりますので収入程、変動しないわけではありませんが、それでもある程度一定の範囲に収めることは可能です。つまり、サラリーマンというのは支出のコントロールさえやれば、必然的にお金を貯めやすい収支構造になっているのです。

## 大事なのは収入以上に支出の管理

今の世の中で働いている人の内の約9割はサラリーマンです。[※1] この本を読んでいるあなたも恐らくはサラリーマンでしょう。だとすれば、最も大切なことは、支出をどうコントロールするかということになります。そこで、この章では主に収支をどう管理していくか、なかでも支出に対する基本的な考え方について述べてみたいと思います。資産寿命を延ばすというと、まず収入を増やすことを考えがちですが、それと同じか、場合によってはそれ以上に大切なのが、支出を管理することです。私が今までに接してきたサラリーマンで資産を築いた人達の話を聞いても、地道に生活しながら、無駄な支出を無くすことを実行してきた人ばかりです。

もちろん、支出の管理をするだけで資産家になった人達ばかりではありません。自分が取れる範囲内でリスクを取って「投資」を行なうことで資産を増やした人もいます。そういう人達は一定のリスクを取ってきたからこそ、成功したことは事実です。これについては第5章で資産運用の話をするところで触れますし、私が取材をした中にも長年投資を続けてきたことで資産を築いた人もいますので、その実例も後程紹介します。しかしながら、そうやって投資をするにしてもそのための資金が、どこからか湧いて出てくるわけではありません。打ち出の小槌などどこにも存在しないのです。投資の前に支出のコントロールを行なうことで、投資を続けるための資金を生み出してきたからこそ、投資することができたわけです。言うまでもなく、投資をしなくても豊かな生活を送っている人だってたくさんいます。「お金を儲ける」ということではなく、あくまでも「資産寿命を延ばす」ことを優先して考えるのであれば、大事なことは支出をコントロールすることであることを忘れてはいけません。

※1 「労働力調査」（平成30年　総務省統計局）
https://www.stat.go.jp/data/roudou/sokuhou/nen/dt/pdf/index.html

## 2　ライフプランシミュレーションに騙されるな

資産寿命を延ばすために大事なことが収支、なかでも支出管理が大事という話になると、いつも話題に出てくるのは「ライフプランシミュレーション」です。昔、保険会社の営業レディが職場に出入りしていた頃は、あちこちでこのライフプランシミュレーションシートが配られていました。年収や年齢、家族構成などを記入させられて、営業員が持って帰り、やがて結果を見せてもらうと、「あなたはこのままいくと70歳で貯蓄が底をついてしまいます。だから今のうちに保険に入りましょう」といったセールストークで加入させられるという光景が繰り広げられてきました。これは保険会社だけではなく、他の金融機関でも似たようなことが行なわれていました。

さすがに最近は、職場に営業員が入り込んでくることも無くなりましたので、こんな光景は見なくなりました。それにこういうシミュレーションは今ではネットで簡単にできるようになってきましたので、これを営業ツールに使うということは少なくなってきています。それでも金融機関の営業員と対面で話をしたり、ファイナンシャルプランナー(FP)に相談をすると、相変わらずライフプランシミュレーションを使って説明を受け、その結果にしたがって、金融資産を入れ替えたり、追加購入したりするケースはあるようです。

## 予測よりも大事なのは「現在を未来に投影すること」

私はこのようなライフプランシミュレーションとかキャッシュフローシミュレーションは、不要だとは思いませんが、さりとてぜひとも必要だとも思いません。将来の収支について考えることは大事ですが、アプリとかソフトで入力して結果のみがアウトプットされるような仕組みは、実はあまり役に立ちません。なぜなら、先のことは誰もわからないからです。今の時点で予測してみても将来、状況はいくらでも変わってきます。今後の収支を考える上で大事なことは予測ではなく、Projection(投影)なのです。予測はあくまでも不確実なものに過ぎません。今の時点で将来の予測を立ててそれを絶対視しては間違いかねません。大事なのは、今の状況が今後10年、20年続いたとして、それが健全な収支になるかどうかを検証すること、すなわち現在の状況を未来に投影することです。

だからプロジェクション（投影）なのです。さらに言えば、その状況が変化していないかを定期的に見直すことが重要なことです。

ライフプランを考える上で何よりも大事なことは「自分の（自分たちの）頭で考えること」です。そして状況の変化に応じて再び考え直すことも大切です。シミュレーションのアプリやソフトに入力すれば終わり、というものではありません。もし収支について考えるのであれば、そんなソフトを使うよりもむしろエクセルに手入力でも、ノートに手書きでも良いので、自分で考えてやってみることから始めるべきです。金融機関の営業員やFPが作成したライフプランシミュレーションを頭から信用するのは危険ですからやめるべきです。

## ライフプランシミュレーションで大事な3点

他人に頼らず、自分でライフプランシミュレーションをやるのであれば、以下の3点に注意してください。

**① ざっくりと試算する**

試算はざっくりで良いのです。あまり精緻なものを作ってしまうと、一生懸命作ったが故にその結果を絶対視しかねません。でも将来どんな変化が起こるかわからないものを今から絶対視するのは危険です。今後の状況の変化に応じて柔軟に対応するためにも、アバウトなもので良いので、大雑把につかんでおくことが大切です。細かい数字合わせは不要です。大体いくらぐらいという程度がわかれば十分なのです。

**② 自分だけでなく、家族も一緒に考える**

ライフプランを考える上で最も大切なことは、「自分と家族がやりたいこと、望んでいる生活を実現すること」です。単なるライフプランシミュレーションソフトに最も欠けているのがこの部分かもしれません。でもそれはソフトやアプリを利用するだけでは困難です。したがって家族のいる人はみんなで考える、特に重要なのは生涯共に暮らすパートナーがいれば、その人と一緒に考えるということです。

### ③　定期的に見直しを行なう

前述したようにライフプランは結果を絶対視すべきではありません。人生においては予期せぬことはいくらでも起きるからです。子どもが私立医大に合格した、親が倒れて介護生活が始まった、ブラジルで暮らしていた農園王の叔父さんが亡くなって遺産が転がり込んできた（これは冗談ですが）等々、それまで考えてきたキャッシュフローが一挙にひっくり返ってしまうような出来事が起きるかもしれません。だからこそ、定期的に見直しすることが必要です。理想を言えば、1年に1回、年末か年始にするのが良いのですが、面倒ならそれほど頻繁にしなくても3年か5年に一度ぐらいでも十分です。

繰り返しになりますが、ライフプランシミュレーション自体が悪いわけではありません。金融機関の営業ツールとしてのシミュレーションに惑わされるのではなく、しっかりと自分の頭で考えることを忘れないようにしていただきたいのです。

## 3　過剰な保険とローンは人生の支出で最大の無駄

支出を見直すことは資産寿命を延ばす上で重要なことですが、その中でも最優先で見直すべきなのが現在入っている保険と利用しているローンです。保険もローンも本質を理解しないままそれに合わない使い方をすれば、どちらも人生における支出で最大の無駄になるからです。ではなぜそうなのかをお話しします。

### 保険の本質は「資産形成」ではなく「保障」

まず保険ですが、保険の本質は「保障」にあります。つまりめったに起こらないことだけど、もし起きれば、とても自分の蓄えではまかなえないものに対応するのがその役割です。逆に言えば、自分の蓄えで足りるのなら保険は必要ありません。具体的に言えば、自動車を運転する時の対人賠償保険や家を新築した時の火災保険、そして自分がもし亡くなった時に残された家族が生活に困る時期がないようにするための生命保険、そうしたものは必要ですが、それ以外のものはほとんど不要と考えて良いでしょう。

医療保険について言えば、民間の医療保険に入らなくても我々は全員「公的医療保険」に加入しています。治療費はほぼすべてこの公的医療保険でまかなうことができ、民間の医療保険は、公的保険でカバーできない部分、例えば個室に入院した時の差額ベッド料とか病院に通うタクシー代をまかなうことが目的です。それなら自分の貯蓄から出せばいいのです。生命保険についても子どもが独立して夫婦二人だけになればほとんど不要です。ところが生命保険文化センターが3年毎に実施している「生命保険に関する全国実態調査」で、平成30年の12月に発表されたデータを見ると、世帯主の年齢別に払い込んでいる年間の保険料の表が出ています。[※1]これによれば、60~64歳までの世帯で年間に払っている保険料は43万9千円、65~69歳までの世帯は33万8千円もの保険料を払い込んでいるのです。もしこれを止めて、その分を貯金すれば、60歳以降の10年間でざっと400万円近い金額になります。つまり、それだけ資産寿命が延ばせるのです。私自身、現在は68歳で夫婦二人の暮らしですから生命保険も医療保険も一切入っていません。不要な保険は徹底的に見直すべきでしょう。

## 金利を支払う意味があるかどうかを考えるべき

次にローンです。ローンは借金ですから、その本質は人のお金を使わせてもらうことです。金利というのはその使用料として支払うものです。使用料を払ってまでお金を借りるのはどんな場合でしょうか。企業であればこの答えは簡単です。金利は費用ですから、費用を上回る収益が上げられるのなら借りる価値は十分あります。利益率が10％のビジネスをやるために5％の金利を払ってお金を借りる場合を考えてみましょう。自己資金が1億円しかない場合、利益率が10％なら1千万円の利益しかありませんが、10億円借りれば1億円の利益が上がりますから、費用である金利を10億円の5％分、5千万円払っても5千万円の利益があります。つまり借り入れを行なうことで利益が5倍になりますから、これは借りるべきです。

でも個人の場合、お金を借りることでどんなメリットがあるのかを考えるべきです。もちろん、企業と個人とは異なりますから純粋に経済的なメリットだけを比較しても意味はありません。例えば住宅ローンを考えてみましょう。よく家は賃貸か持家のどちらが有利かという議論が出てきますが、結論から言えば、その人の人生観で決めれば良い話です。早い時期から自分が安心して住める場所を確保できるがゆえの精神的な安心感というメリットが大きいのであれば、ローンを利用しても買うことには意味があります。そもそも住宅を全て現金で購入するためにはかなりの金額を貯めないといけませんから。

### メリット、デメリットを見極める

ところが住宅のようにローンを利用しないと買えないものではないにもかかわらずローンを使う人がいます。例えば旅行や家電製品等の購入にローンや分割払いを使う場合です。さらに言えば、クレジットカードのリボ払いも超高金利の借金です。目先の楽しみを味わうために高い金利を払うというのはとても大きな無駄だと思います。もちろん、これも人生観だと言ってしまえばその通りで、先に楽しむことを人生のモットーとしているのなら、それはそれでかまいませんが、それでは到底、資産形成をしたり、資産寿命を延ばしたりすることはできないでしょう。

私は保険もローンも全く不要な物だとは思いません。必要な場合は利用すべきです。しかしながら、それらを利用することでどういうメリットがあるのかを本質に立ち返って深く考えることはとても重要です。単に〝安心料である〟とか、〝手軽に利用できるから〟という程度のことで安易に利用すべきではありません。

※1　「生命保険に関する全国実態調査」（平成30年9月　公益財団法人生命保険文化センター）
https://www.jili.or.jp/research/report/pdf/h30zenkoku/2018honshi_all.pdf

## 4　自己実現費と一時出費はくせもの

支出を考える上で、日常生活費とは別に考えておかねばならないのが「自己実現費」と「一時出費」と呼ばれるものです。第1章でも、日常生活費は原則として公的年金の受給の範囲内に収めるべきだというお話をしましたが、この「自己実現費」と「一時出費」はなかなかその範囲内に収めるのが厄介なしろものです。そもそもこれは一体どういう内容のものなのでしょうか？

### 「自己実現費」と「一時出費」が厄介な理由

「自己実現費」というと大げさに聞こえますが、要は人生を楽しむためのもので、趣味や旅行、外食といった楽しいものに使うお金のことです。一方、「一時出費」とは日常生活では発生しないが、ケースによって起こり得ること、具体的に言えば、家のリフォームや子どもへの結婚資金援助、自動車の買い替えといった、比較的まとまった出費が発生するものです。これらについて注意しないといけないのは、ズバリ「歯止めが利かなくなること」です。まず自己実現費ですが、これはそもそも楽しいことをするための出費ですから、お金が出て行く痛み以上にそれを上回る楽しみを感じるため、ついつい使ってしまいがちになるのです。趣味でお金を使い過ぎて生活が破綻するということはまずないでしょうが、それでも確実に資産寿命は縮まることになります。

## 悩ましい「家のリフォーム」

一方、一時出費にも様々なものがありますが、恐らく最も金額が大きいのは家のリフォームでしょう。住んでいる家が古くなって修繕する必要があることに加え、家族構成が変わったり、将来に備えてバリアフリー化したりと、定年後にリフォームを行なう人は多くいます。ところがリフォームは、予算をオーバーするということがよく起こります。通常、リフォームは予算を立て、どこまでやるのかを決めてから行なうのですが、厄介なことに家の中できれいになったところと前のままのところがあると、リフォームしていないところや前から置いてあった家具は何となくみすぼらしく見えてしまいます。そこで「ついでだから」と予定にない箇所のリフォームや家具の買い替えで予算をオーバーしてしまうことが起こりがちなのです。これは心理学でディドロ効果と言われるもので、新しいモノをひとつ取り入れると、他も新しいモノに統一させたいと感じる心理作用のことです。

## ルールを決めておく！が決め手

このようにこれら二つの支出は放っておくと歯止めが利かなくなったり、予算をオーバーしたりしがちなので、注意が必要です。ではどのように注意をすればいいのか。それは「ルールを決めておく」ことに尽きると思います。そのルールは人によって違ってもかまいません。例えば私の場合は、

① 自分や家族のやりたいことを話し合った上で優先順位をつけておく
② 生活費とこの二つの出費は会計を明確に分けておく
③ 予算を決めておき、それをオーバーしないよう守る

といったことをルールとして決めています。この中で特に大事なのは①です。これは人によって価値観が異なりますので、一緒に暮らす家族とは十分に話をして擦り合わせてお

くことが大切です。

一般的にこれらの出費の原資は公的年金だけでは難しいと考えた方がいいでしょう。できれば定年後に働いて得る収入とそれを貯めたお金の中から出すようにすることが重要です。もし定年後は一切働かないということであれば、それまでの貯金や退職金から取り崩すことになりますが、その場合もくれぐれもルールを作っておくようにしてください。

## 「サンカク」を実行する

もう一つ、これらの支出をコントロールするためのコツを教えます。それは「サンカク」を実行することです。「サンカク」というのは、「義理、見栄、恥」の三つを欠くことを言います。元々これは夏目漱石の小説『吾輩は猫である』の中に出てくるフレーズです。「金を作るにも三角術を使わなくちゃいけないというのさ。義理をかく、人情をかく、恥をかく、これで三角になるそうだ面白いじゃないか」学校教師の珍野《ちんの》苦沙弥《くしゃみ》の友人、鈴《すず》木《き》藤十郎《とうじゅうろう》が言うセリフです。私の場合は、これをもじって「義理欠く、見栄欠く、恥欠く」をサンカクと称しているのです。この3つは現役のサラリーマン時代であればともかく、会社をリタイアした後の生活においては、あまり必要のないものばかりです。なぜなら現役時代は地位や立場上、仕方なくやらねばならないこともあったでしょうが、一個人になってしまえばそういうものはほとんど不要だからです。

私も定年後には結婚式の招待は原則応じない（葬儀は参列します）、年賀状は一切廃止して出さない、といったことを続けていますが、昔の友人との関係は、何ら問題はありません。そもそも現役時代にありがちな「年賀状だけでしかつながっていない知人」というのは交流がなくなってもほとんど影響はないでしょう。

そもそも人は誰もが多かれ少なかれ「自意識過剰」な面を持っています。でも自分が気にするほど、人は自分のことを見ていません。だからおおいにサンカクを実行して意味の無い出費をストップすればいいのです。

## 5　2000万円不足問題の本質とは？

2019年の6月に起きた、いわゆる「2000万円不足問題」はネットで大炎上し、マスコミもとてもネガティブな報道に終始するところが多かったため、一時は大変な盛り上がりを見せました。その後、撤回されましたが、予想以上に反響が大きかったこの問題を以下、振り返ってみたいと思います。

### 「2000万円不足問題」はなぜ炎上したか

発端は金融庁の金融審議会における市場ワーキング・グループの報告書のなかにあった、「30年で約2000万円の取り崩しが必要になる」という一文を切り取り「老後の生活に2000万円足りない！」と、一部マスコミが騒ぎ立ててしまったことにあります（報告書に書かれた「2000万円」という数字の根拠は後述します）。

これについては単に政府を攻撃するような意見だけではなく、「もっと若い内から資産形成をした方が良い」とか「いや、今後は定年後もしっかりと働くべきだ」といった比較的前向きな意見も多かったことは事実です。ところが一方では「2000万円足りないのだから、今から積極的に投資して増やしましょう」といった言葉に踊らされて、高額の投資セミナー等に参加する人も増えているようです。金融機関にたくさんいる私の知人からは、「大きな声では言えないが、あれ以降、取引を始める人が増えて、我々にとっては『2000万円特需』みたいなものだ」という声もよく聞きます。

しかしながら、結論から言ってしまうと「年金2000万円不足問題」などというものは実は存在しないのです。ネット民もマスコミも存在しない幻に騒いでいるだけだったということなのです。それは一体どういうことなのでしょう。その理由を探るためには件《くだん》の市場ワーキング・グループの報告書をきちんと読み込む必要があります。

## 「2000万円不足」の背景にある勘違い

実は「2000万円足りない!」という話の背景は、「支出」を所与のものとして「収入がこれだけしかないのだから2000万円足りない」という話だけがどうやら独り歩きしているようなのです。ところが、この支出の中身をよく見るとかなり不自然な数字が並んでいます。実際に報告書に載っているデータを見てみましょう（図4）。例えば、食費の部分を見てみますと、その金額は月に6万4444円となっており、消費支出全体の27・4％を占めています。高齢者の場合、一般的に支出に占める食費の割合は15％ぐらいが普通ですから、このデータに出てくる支出総額から計算すれば月額3万5千円ぐらいが妥当な数字です。私もこのデータと同じ高齢夫婦世帯ですが、夫婦二人だけの生活なので毎月の食費はほぼ3万5千円前後です。いくら何でも食費6万5千円はちょっと多すぎるような気がします。恐らく外へ食べに行く機会が多いからこのような数字になっているのだと思います。つまりかなり優雅な生活をしているのです。また交通・通信費が2万7576円となっていますが、これも高齢無職世帯としては少し多すぎるような気がします。毎月5万円あまり不足だから老後はトータルで2000万円不足だということが世間で騒がれたのですから、もしそうであればもう少し質素な生活をしていてもおかしくありません。ところがこのデータを見る限りにおいて、2000万円足りなくて悲惨な生活というイメージよりもかなり余裕のある高齢者世帯の姿が見えてきます。これは一体どういうわ

## 図4　高齢夫婦無職世帯の収入と支出（月平均額）

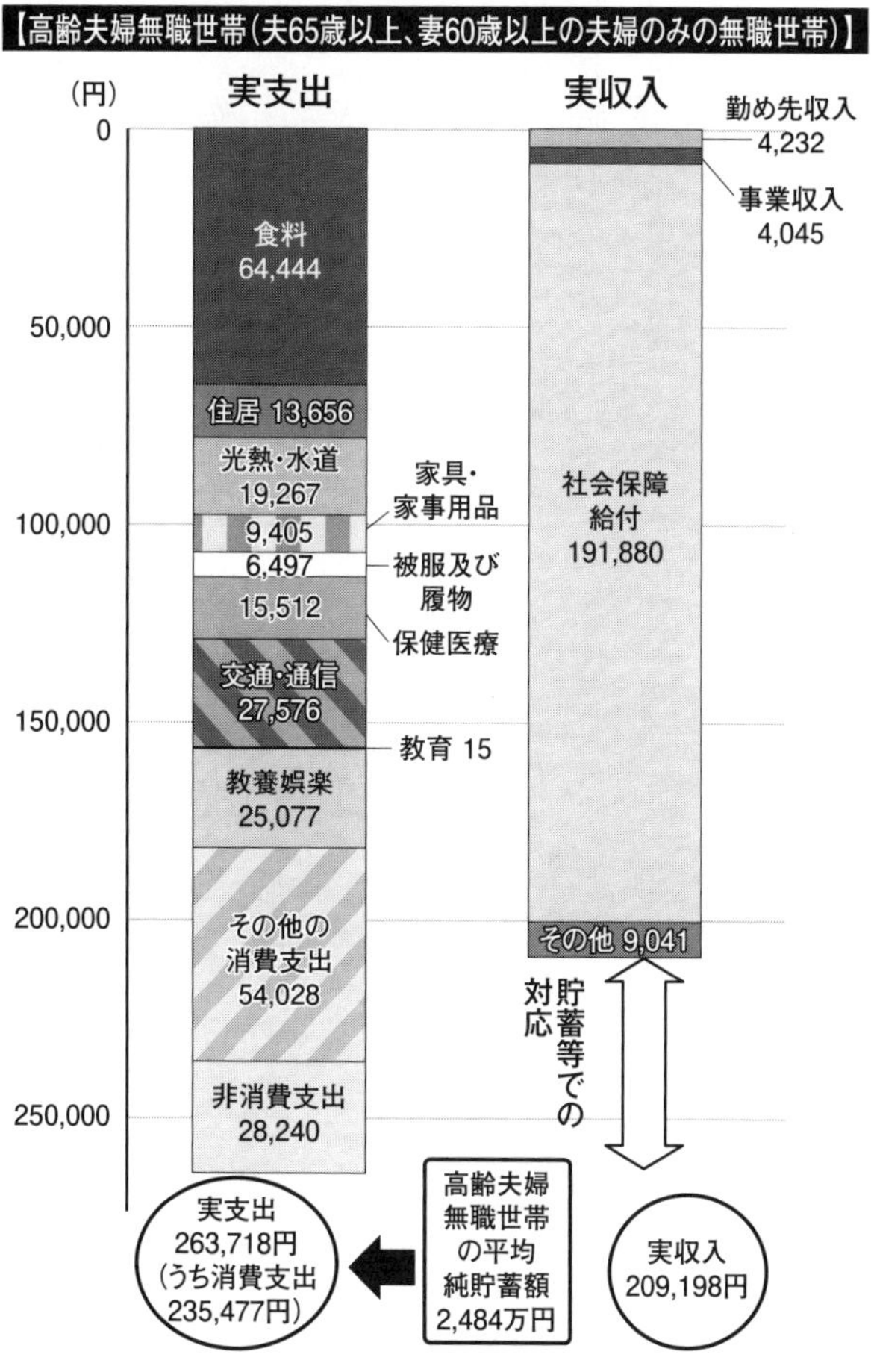


金融審議会　市場ワーキング・グループ報告書10ページに載っていた図より

けなのでしょう？

## 2000万円足りないのではなくて、2500万円も貯蓄を持っている

実はその答えはこの図4の中に出ています。2000万円不足という数字の根拠となったのは毎月の不足額が5万5千円という前提です。この金額は図にあるように毎月の実収入が20万9198円、一方毎月の実支出が26万3718円ということから、導き出された数字です。ところが、そのグラフの横に「高齢夫婦無職世帯の平均純貯蓄額　2484万円」という数字が載っています。純貯蓄額ですから、持っている貯蓄からローン等の借金を引いたネットで保有する貯蓄額が2500万円近くあるということです。これはかなり多い貯蓄額です。このデータに出てくる平均像を1組の高齢者夫婦として捉えた場合、2500万円もの貯蓄を持っているから毎月の食費に6万5千円使うというゆとりのある生活をしても大丈夫ということなのです。つまり、毎月の赤字が5万円以上あるから2000万円用意しないといけない、という話ではなく、2500万円も貯蓄を持っているからこういう生活をしているというだけのことなのです。もし、これほど多くの貯蓄を持って

いないのなら、恐らくこんな生活費にはならないでしょう。人は誰でも入ってくる収入と持っている貯蓄の範囲内でしか生活しないのが普通です。それを上回る支出をすれば最後は消費者金融にでも駆け込むしかなくなってしまいますから、そんな生活をすることはあり得ません。

## ベストなのは、収入と保有資産に見合った生活をすること

実はこの図4は総務省の「家計調査報告2017年版」が元のデータになっています。この2000万円問題が起きる半年も前の2019年1月に私が書いた『定年前』の79ページにその図を載せています。ここでは、私が常々主張しているようにいくら貯金を持っていてもできるだけそれは温存し、不足分があるのなら、それは働いて埋めましょう、5万円不足しているのなら、それぐらいを働いて稼ぐのはそれほど大変ではないという文脈で述べています。したがって、私自身はなぜ「2000万円問題」が急に話題になったのかが、なかなか理解できませんでした。

大事なのは、入ってくる収入と保有資産に見合った生活をするということです。高齢無

職世帯の場合、入ってくる収入は年金しかありません。ただ、一般的に年金といえば、公的年金のことですが、会社によっては企業年金という制度があって、退職後に支給されるケースもあります。そういったトータルな年金収入を考え、それに自分が保有する金融資産を併せて身の丈に合った暮らしをすれば良いのです。したがって最も大事なのは自分の事情に合った支出のコントロールを行なうことです。

もちろん自分の将来に対して危機感を持って自助努力で資産形成を始めるのは決して悪いことではありません。ただ、若い内ならまだしもある程度の年齢の人たちが、焦って投資を始めることだけは止めた方が良いと思います。まず何よりも公的年金や自社の退職給付制度の仕組みをしっかりと理解し、その上で支出をコントロールすることを考えるべきでしょう。

# 第4章　間違いだらけの年金知識

## 1　年金は貯蓄だと思っている間違い

資産寿命を考える上では、年金のことを避けて通るわけにはいきません。老後の生活をお金の面で支える大きな柱は何と言っても年金、つまり国から支給される「公的年金」だからです。もちろん公的年金さえあれば何の問題もないとは言いませんが、少なくともまず考えておくべき老後生活の基本はやはり公的年金であることは間違いありません。そんな大切な公的年金ですが、残念なことに多くの人は年金について間違った知識やイメージを持っています。これはマスコミの責任が大きいのですが、金融機関等も自社の金融商品、保険や投資信託を売り込みたいがため、余計に年金不安を煽り立てる傾向があります。本章では、そんな年金の間違った知識を一つひとつ検証していきたいと思います。

最初は「年金の本質」についてです。多くの人は、年金の仕組みを自分で払ったお金がどこかでプールされて運用され、老後に支払われるものだと勘違いしています。つまり、年金が貯蓄のような金融商品だと思っている人が多いのです。でも年金の本質は「貯蓄」

ではなく、「保険」なのです。保険というのは何か不測の事態が起こった時にそれによって経済的に困らないようにするためのものです。では年金はどんな不測の事態に対してカバーしてくれるのでしょうか。

## 老後における3つの不測

最大の不測のできごとは「長生きすること」です。こう言うと多くの人は「不測って言ったって長生きするのは幸せなことじゃないか」と思うでしょうが、長生きして幸せなのは健康でお金がある場合の話です。長生きした結果、お金が無くなってしまうほど恐ろしいことはありません。人生の終盤、仕事も無くなり、身体も動かなくなった時にお金が無いというのは考えただけでもぞっとします。でも人間は誰でも年を取ると働けなくなりま す。つまりどこかの時点で収入が途絶えてしまうことははっきりしているのです。ところが公的年金の給付は終身です。つまりどれだけ長生きしても死ぬまで貰えるのです。これはとても助かります。言わば死ぬまで貰える「所得補償保険」のようなものです。

次に二つ目は病気や怪我で自分が障がい者になってしまうというケースです。これも状況によっては働けなくなってしまうかもしれません。そのために公的年金では障がい者となった場合に「障害年金」が受け取れます。こちらも給付は終身です。

三つ目は自分が死んでしまった場合です。この場合は残された家族に経済的な不安が生じますので、「遺族年金」が支給されます。つまり公的な年金に加入しているということは、民間保険会社が提供している所得補償保険、傷害保険、そして生命保険に該当する保険に入っているのと同じことなのです。日本は国民皆保険制度ですから、原則は全員がこれらの保険に入っており、様々な不幸に対応できるようになっています。

## 公的年金は民間よりはるかに有利

さらに言えば、国の年金と同じ保険料で同じ保障を得るのは民間保険会社では絶対に不可能です。その理由は営利企業と公的機関の違いにあります。民間保険会社は営利企業ですから契約者が支払う保険料の中から運営費用に加えて自分たちの利益分を取るのは言うまでもありません。ところが国の場合は年金で儲けようとは全く思っていませんので保険料も極めて安いのです。実際、公的年金の場合、国民年金は保険料の半分が税金からまかなわれますし、厚生年金なら勤め先の会社が半分負担しています。したがって民間保険に比べると、自分の負担する保険料はかなり安くなります。言わば公的年金は民間では望むべくもない有利な保険ですから、これをまず第一に考え、それで足りないと考えるなら民間の保険に加入すればいいのです。

したがって年金については貯蓄のように損得を論じることはあまり意味がありません。例えば生命保険で一番大儲けできるのは、契約した途端に死ぬことです。でも死んでしまえば損も得もありません。一方、年金で一番大儲けできるのは誰よりも長生きした場合です。逆に年金保険料をずっと払い込んで、いよいよ貰えるという65歳になる直前に死んでしまったら大損ですね。でもこれも生命保険同様、死んでしまえば得も損もなくなってしまいます。前述のように、人生において最も深刻な問題の一つが長生きしてお金が無くなってしまうという恐ろしい事態ですから、それに備えることが年金の一番大切な役割なのです。

要するに保険はいつ起きるかわからない不測の事態に対して備えるためのものであり、そういうことが、いつ、どれぐらいの確率で起きるかを計算して制度を設計するという仕組みになっています。これから説明していきますが、公的年金はなかなか良くできた制度です。私も若い頃は年金のことをよく知らなかったために「どうせ貰えないだろう」と思っていましたが、年金のことをきちんと勉強すればするほど、安心できるようになります。ぜひ、その基本的な仕組みを正しく理解していただきたいと思います。

## 2　なぜ年金は「賦課方式」なのか？

公的年金の仕組みは、自分が払い込んだ年金をどこかに積み立てておいてそれを国が管理・運用し、将来受け取るというものだと思っている人が多いのですが、それは違います。現役世代が払い込む保険料をその年に年金受給者に支払う方式で、つまり単年度決済になっているのです。前者の方式は「積立方式」と呼ばれ、現在は公的年金において採用されている国はほとんどありません。一方、後者は「賦課方式」と呼ばれ、どの時代においても現役世代が高齢者世代を養う仕組みになっているのです。言わば社会全体で高齢者に対して仕送りをする方式であり、「世代間扶養」とも呼ばれています。

### Output is Central（＝生産物こそが重要）

ではなぜ年金は「賦課方式」になっているのでしょうか？　ＬＳＥ（ロンドン・スクール・オブ・エコノミクス）の教授で世界的な年金研究の権威であるニコラス・バー教授は、

２０１３年にＩＭＦ（国際通貨基金）が主催して行なわれたシンポジウムで「Ｏｕｔｐｕｔ ｉｓ Ｃｅｎｔｒａｌ」という考え方を示しています。私がこの考え方を知ったのは、日本の社会保障分野の第一人者である慶應義塾大学の権丈 善一《けんじょうよしかず》教授の著書でした。「Ｏｕｔｐｕｔ ｉｓ Ｃｅｎｔｒａｌ（＝生産物こそが重要）」とは、一体どういう意味なのでしょうか？　これは「年金生活者が必要としているのはお金そのものではなく、そのお金で買えるモノやサービスである」という考え方を表しています。

## 「モノやサービス」を手に入れられるかが大事

私にとって、これは結構、目からウロコの発想でした。確かに、いくらお金があってもモノが不足したり、値段が上がってしまったりしていると欲しいものが買えなくなりますし、サービス自体が無くなってしまえば、いくらお金を払ってもそのサービスを受けることができません。したがって、我々が将来、年を取った時に必要なことは「お金そのもの」ではなく、将来の「モノやサービス」を手に入れることができる請求権が確保されているということなのです。つまりいくらインフレで値段が上がっても、その時に購入できるだけのお金を受け取る権利が確保されることが大切だということです。

戦前、まだ公的年金制度が無かった時代は、年を取ると子供が親を養うのが当たり前でした。つまり親が将来、生活していける権利は子供が保証してくれていたと言ってもいいでしょう。ところが社会の構造が変化し、都市に人が集中するようになると核家族化が進んで親の面倒を見ることができなくなってきた。そこで社会全体で高齢者世帯を扶養するという仕組みとして「公的年金制度」が誕生し、その後介護についても「公的介護保険制度」が誕生したのです。つまり現在の年金制度というのは「子供が親を養う」ことに代えて、国全体で高齢者を養っていく制度になっているというわけです。

## 賦課方式よりも積立方式の方がいい？

よく言われるのは、「今後少子高齢化が進んでいくとこの賦課方式は支えきれなくなるので、積立方式に変えた方がいい」という議論です。しかしながら「一人の高齢者を何人の現役世代で支えるか」という視点ではなく、「一人の就業者（仕事をしている人）が何人の非就業者（仕事をしていない人）を支えるか」という視点で見た場合、50年前の197

## 図5　一人の就業者が何人の非就業者を支えるのか

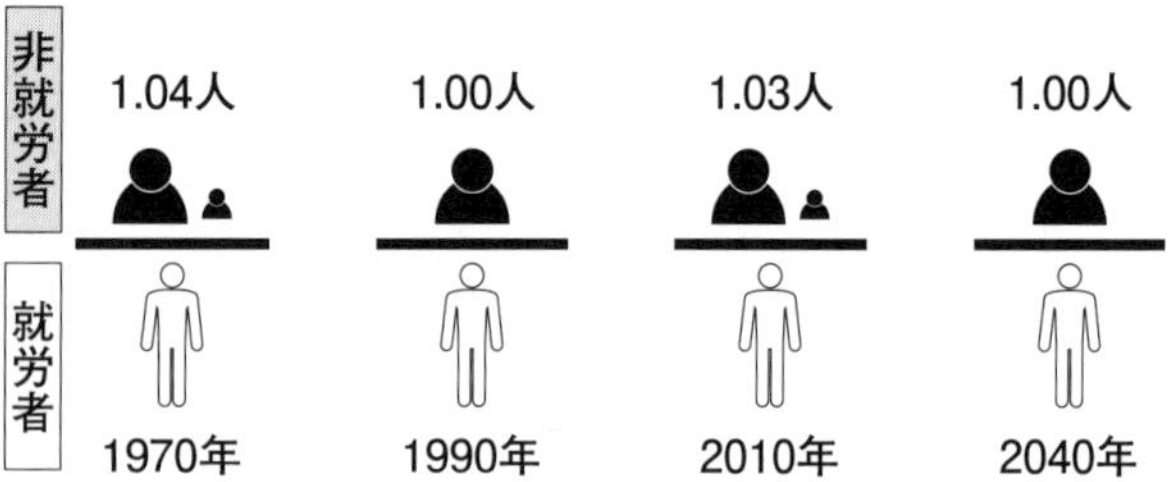


下記データを元に株式会社オフィス・リベルタスが作成
　就業者数は、総務省統計局「労働力調査」
https://www.stat.go.jp/data/roudou/longtime/03roudou.html
　人口は、国立社会保障・人口問題研究所「人口統計資料集」
http://www.ipss.go.jp/syoushika/tohkei/Popular/Popular2019.asp?chap=0
　2040年の就業者数予測は、労働政策研究・研修機構「労働力需給の推計―労働力需給モデル（2018年度版）による将来推計」より
https://www.jil.go.jp/institute/siryo/2019/209.html
　2040年の人口予測は、国立社会保障・人口問題研究所「日本の将来推計人口（平成29年推計）」より
http://www.ipss.go.jp/pp-zenkoku/j/zenkoku2017/pp_zenkoku2017.asp

0年も20年後の２０４０年も実はほとんど変化はありません。実態として現在の若い世代の負担が将来何倍も増えるというわけではないのです（図5）。

それに賦課方式の場合だと、本人が現役時代に納付した金額がいくらであろうが関係なく、本人が生きている限り一定額の支給が続きます。前節でお話ししたように、年金はまさしく「長生きするリスク」に対する備えとしての保険の役割だからです。ところが積立方式の場合、

何百兆円にもなる積立金を運用することによって市場のリスクに晒《さら》すことになります。運用がうまく行けばいいですが、大幅に減少してしまうことになると年金の支払いに支障をきたすことになりかねません。またインフレが長く続いた場合、積立方式では、積立金を予定よりも早く使い果たしてしまう可能性がありますが、長期的に見れば物価と賃金はほぼ連動しますので、賦課方式の場合、将来インフレが進んだとしてもその時点での現役世代の賃金から年金が支払われるわけですから、その影響は極めて少ないと言っていいでしょう。

事実、多くの先進国ではほとんどの国において「賦課方式」となっています。※1 中にはスウェーデンのように一部、積立方式を採用している国もありますが、そのスウェーデンでも積立方式部分は保険料全体の13％程度です。

もちろん、今の賦課方式が盤石であるとは言いませんが、少なくとも現時点では最も安定して将来の暮らしをまかなう仕組みであることは間違いありません。一方でそんな年金制度が順調に機能しているかどうかをチェックする仕組みもあります。これについてはこの章の最後で詳しくお話をします。

※1　厚生労働省　年金制度の国際比較
https://www.mhlw.go.jp/content/12500000/shogaikoku-hikaku.pdf

## 3　年金が破綻しない本当の理由とは？

資産寿命を延ばすために、公的年金を活用することはとても大切です。それに公的年金はそんなに簡単には破綻しません。よく「少子高齢化が進むと年金は破綻する」ということを言う人もいますが、そもそも日本が高齢化社会に入ったのはいつかご存知ですか？実は１９７０年、今から50年も前に高齢化社会に入っています。当時から年金の将来不安は言われていましたから、今日までの間に様々な手が打たれてきています。私は証券会社に勤めていましたが、今から40年前、私が30歳になる前の頃から「年金は破綻する」と言われ続けてきました。私も当時、営業マンとして金融商品を販売していましたから、「年金なんてあてになりませんよ。それよりも自助努力で資産形成しましょう」というセールストークで投資信託等を売りまくったものでした。

## 公的年金の積立金残高は30年で198兆円

ところが破綻すると言っていた公的年金の積立金残高は平成元年当時の73兆円から増え続け、平成30年の3月末には198兆円になっています。これについては年金の積立金を運用している「年金積立金管理運用独立行政法人」（略称：GPIF）のホームページで残高やこれまでの増加状況を確認することもできます。[※1] 破綻どころか積立金は増加しているのです。公的年金はそう簡単に破綻するものではないのです。

## 年金積立金の本当の意味

年金積立金が増えているという話題が出てきましたが、そもそもこの年金積立金については大きな誤解があります。それは、多くの人がこの「年金積立金」が年金給付の財源になっていると思っていることです。実態はそうではありません。この「年金積立金」はあくまでも貯金なのです。前節でお話ししたように、年金制度は「賦課方式」になっています。つまり今年、年金生活者に支給しているお金は、今年、現役の人が払い込んだ年金保険料の中から充てられているのです。もし支払いが足りなければ、この積立金の中から引き出しますし、逆に余れば積立金に入れておくのです。ちょうど家計で、給料以上に赤字が出たら貯金から引き出し、余ったら貯金に入れておくようなものです。

今まで年金制度が順調に運営されてきたので200兆円近い貯金があるのです。これは毎年の年金支給額の約4年分です。こんなに多くの貯金を持っている国はありません。例えばフランスはほとんど積立金を持っていませんし、ドイツは1・6カ月分、イギリスは2カ月分程度、アメリカでも3年分ぐらいなのです。

さらに言えば、これだけ持っている積立金を活用して将来にわたって年金の給付が安定してまかなわれるような仕組みも行なわれています。それがマクロ経済スライドという方式です。

## 「マクロ経済スライド」はすごい

「マクロ経済スライド」というのは2004年の年金制度改革で導入された仕組みです。公的年金は原則、物価・賃金にスライドして年金支給額が上下します。2004年以前はこの仕組みを維持するため、財政が厳しくなると年金保険料を増やしていました。ところがそのまま続けて行くと、どこまでも保険料が上がり続け、現役世代の負担が大きくなりかねません。そこで将来の現役世代の保険料負担が重くなりすぎないように、2004年に3つのことを決めました。

① 保険料水準の上限を法律で決めた
② 国が負担する保険料の割合をそれまでの3分の1から2分の1に変えた
③ 積立金を計画的に活用することを決めた

このようにして年金制度全体で入ってくる収入をまず決めたのです。そして、この収入の範囲内で年金を支払うために「現役世代の人数の変化」と「平均余命の延びに伴う年金支払額の増加」といった経済全体の状況変化に応じて、年金の支給額を自動的に調整する仕組みを導入しました。この仕組みが「マクロ経済スライド」です。

## インフレ時に効果発揮

わかりやすく言えば、それまでのように、物価や賃金が上がった分だけ年金支給額も増えるわけではなく、少し少なめになりますよということです。要は、現役世代だけ負担を多くするのではなく、高齢者にも痛みを分かち合ってもらう、さらに国も負担分を増やし、それまでに頑張って積み立てで増やしてきた「積立金」も計画的に使って年金財政が苦しい時が来てもしのいでいきましょう、ということなのです。今まではデフレが続いてきましたので、この「マクロ経済スライド」はあまり機能しませんでしたが、今後インフレに転じた時にはこの仕組みの効果は大きいと思います。

## 過度に悲観することは禁物

ここまで公的年金の仕組みについてお話をしてきましたが、公的年金の先行きに対しては過度に悲観的になる必要はないと言っていいでしょう。サラリーマンにとっては、公的年金の保険料は給料から天引きされていますので、未納になることはありません。したがって、将来年金が貰えなくなる心配はありませんが、気を付けるべきなのは自営業や非正規で厚生年金に入れない人達です。少なくともこの人達は給与天引きではなく、自分で国民年金保険料を納める必要があります。マスコミや金融機関に惑わされて年金保険料を納めなければ、将来はかなり厳しくなると言わざるを得ません。年金についてはできる限り正しい知識を持って、資産寿命を延ばすための土台にしていただきたいと思います。

※1　年金積立金管理運用独立行政法人のホームページ　https://www.gpif.go.jp/

## 4 退職金は、どう受け取れば得か?

本章ではこれまで「公的年金」について話してきました。老後の生活をまかない、資産寿命を延ばすための最大のポイントは公的年金をいかに活用するかということですが、次に重要なのはサラリーマンであれば、「退職金・企業年金」です。もちろん退職金や企業年金のない会社も最近は増えてきていますが、こうした制度がある会社に勤めているのであれば、「退職金・企業年金」を十分に活用することも重要です。順序としては公的年金、会社の退職金や年金という順番にその内容をきちんと把握し、その上でまだ足りないのであれば自助努力で資産形成を図るというのが正しい順番なのです。

### 「退職給付制度」を理解しよう

ここで「退職金・企業年金」と大雑把な言い方をしましたが、正しい言い方は「退職給付制度」です。これは企業によってその中身が異なりますが、ざっくり言えば、退職の時にまとめて受け取るお金が「退職一時金」、そして10年とか20年といった一定の期間に分けて受け取るのが「企業年金」です。多くの企業では、企業年金というのは退職一時金の一部を分割して受け取る仕組みになっていますので、「年金」で受け取る方がいいのか、それとも退職した時にまとめて「一時金」として受け取る方がいいのか？　という選択が出てきます。

老後の生活をまかなうことが「退職給付制度」の目的であるとすれば、本来は年金で受け取るべきなのでしょう。ところがどちらが得かを考える上では様々な要素が絡んできます。トータルな受取額で言うと、一時金で受け取るよりは年金で受け取る方が総額は増えます。なぜなら退職の時点でまとめて貰うのと20年かけて貰うのとでは、その期間が全く違いますから、その間に金利が付く分、総額は年金受け取りの方が多くなるのは当然だからです。この利率は企業によって異なりますが、一般的には2％ぐらいのところが多いようです。したがって、運用に自信があって自分は絶対2％以上に運用できるということなら、一時金で受け取って資産運用をしてもかまわないのです。恐らくそんなにうまくはいかないと思いますので、あまりお勧めはしませんが。

## 図6　退職所得控除額の計算の表

| 勤続年数(=A) | 退職所得控除額 |
|---|---|
| 20年以下 | 40万円 × A<br>(80万円に満たない場合には、80万円) |
| 20年超 | 800万円 + 70万円 × (A − 20年) |

国税庁HPより
https://www.nta.go.jp/taxes/shiraberu/taxanswer/shotoku/1420.htm

### 税金はどうなる?

次に税金のことを考えてみましょう。退職金というのは税法上「退職所得」として扱われ、かなり優遇されています。「退職所得控除」という制度によってある程度まとまった退職金を貰っても税金はかからないようになっているのです。控除額の計算式は図6の通りですが、仮に22歳から60歳まで38年間勤務して退職金を貰った場合、控除額は2060万円ですから、この金額までは退職金を貰っても全く税金はかかりません。

一方、年金で貰った場合は雑所得となり、税金がかかりますが、こちらの場合も「公的年金等控除」という税制優遇があって、一定の金額までは税金がかかりません。具体的には65歳未満の場合は年額70万円まで。65歳以上だと年額120万円までは基礎控除となるため、税金は全くかからないのです。

ここで、第1章の3でお話しした公的年金の受け取り方の話を思い出してください。本来65歳から受け取る年金を70歳まで繰り下げると、70歳から受け取る年金額が大幅にアップするというお話でしたね。そこで、公的年金は70歳まで繰り下げ、その代わり65歳からは会社から年金を受け取るようにすれば、そしてその金額も年額120万円未満、すなわち月額10万円未満になるのであれば、税金はかからないことになります。もちろん退職給付制度は会社によって異なりますので受け取り方も様々です。今お話ししたように都合よくできるかどうかはわかりませんが、良く調べて受け取り方を工夫することで、全くゼロにはできなくても、税金を少なくすることは可能でしょう。

## キャッシュフローも考えよう

次に考えるべきなのはキャッシュフロー、すなわちお金の出入りです。よくあるケースとして退職金で残ったローンを一括返済するという場合があります。また自宅のローンはなくても、退職後にある程度まとまった退職金が入った時点でリフォームをするということもあるでしょう。こうしたお金が出て行く用件やイベントが退職後に発生するのであれば、一時金で受け取るのもやむを得ません。この場合、前述のように退職所得控除で、まずほとんど税金がかからないので、悪い選択ではないでしょう。ただ、こう言うと「前にできるだけ退職金は温存すべきだ、と言っていたのに矛盾するのではないか？」と思われるかもしれませんが、「資産寿命を延ばす」というのは自分の持っているお金だけではなく、今後発生するキャッシュフローをトータルで考えるべきです。もちろん温存するに越したことはないのですが、「ローン返済」という絶対に削ることのできない「支出」は、資産寿命を延ばすためには、できるだけ定年後に残すべきでないからです。

退職金・年金の受け取り方は、誰にとっても「これが一番良い」というものはありません。人それぞれの事情によって変わってきます。それだけに自分に係る要件は整理してパズルを組み立てるように考えて行くべきでしょう。

## 5　財政検証で見えてきたこと

２０１９年は、５年に１度行なわれる公的年金の「財政検証」がありました。「財政検証」というのはわかりやすく言えば年金の健康診断のことです。年金というのは非常に長い期間にわたって制度を維持していく必要がありますので、こうした健康診断が時々必要になるのです。今後の資産寿命を考える上で年金はとても重要ですから、その状態がどうなっているのかを知っておくことは重要です。少し長くなりますが、公的年金の健全性を確かめておくことは資産寿命を延ばす上でとても大切なことですので、ていねいに説明しておきます。

### 財政検証とは一体なにか？

「財政検証」が始まったのは２００４年からです。それまでは少子高齢化の進展に伴って５年ごとに年金保険料を段階的に見直して引き上げを検討する、ということが行なわれてきました。ところが少子高齢化が進むからと言って、ずっと保険料を上げ続けて現役世代の負担をどこまでも増やしていくわけにはいきません。そこで2004年に年金財政の枠組みを抜本的に変えました。この内容は本章の3でお話しした通りです。

こうした抜本的な改正によって長期にわたって年金財政を安定させるような仕組みを作ったとは言うものの、経済や社会の状況は変化していきます。そこで5年に一度、当初の想定通りになっているかどうかを検証する、すなわち健康体が維持されているかどうかを診断しよう、というのが「財政検証」です。

財政検証はおおむね100年先という長期の年金財政収支の見通しなどを基にして、制度の見直しや調整を行ないます。例えば今後、高齢化がピークを迎える局面において毎年の収支で足らない分が出てきた場合、約200兆円ある年金積立金を向こう100年にわたって少しずつ取り崩し、最後は1年分ぐらいの積立金になるように調整していこうという具合に考えられているのです。

さて、そんな財政検証ですが、前回の2014年から5年経った昨年（2019年）の8月27日に検証結果が発表になりました。私もその日は厚生労働省へ出かけて2時間あまり、検証結果の発表を聴きました。結論から言えば、5年前と比べて大きな変化はなく、年金の健全性ということから言えば、若干改善されたという印象です。

## 所得代替率に関する勘違い

その内容については全部で360ページあまりにもなる報告書[※1]ですので、ここで全ては紹介できませんが、大事なポイントだけお話しします。まずひとつ目は、所得代替率です。所得代替率というのは、その時代に現役で働いている男性の平均手取りの賃金に対して、その何割ぐらいが年金で受け取れるようになっているかという比率のことです。2019年度現在、現役世代の平均手取り賃金は35万7千円です。これに対して厚生労働省がモデル世帯としている会社員と専業主婦世帯の65歳時点での年金は月額で約22万円ですから、比率で言えば、61・7%となります。つまり定年で引退したら今の現役の6割強の金額が年金で受け取れるということになるわけです。

年金の将来像を考える場合、経済成長や出生率がどうなるかによって結果が大きく異なってきますので、今回は最も楽観的なケースから最も悲観的なケースまで異なる6つのパターンの試算を出しています。その中で標準的な例として上から三番目のケース3を見てみましょう。結論を言えば、今から約30年後の2047年には、所得代替率は50・8％に低下します。現在の61・7％が50・8％になるわけですから、その低下率は17・7％と2割近くになります。この数字だけをとらえて「将来、年金は2割近くも減る」と報道したメディアはたくさんありました。

## 所得代替率が2割近く下がるのに、実際の金額は増えるのはなぜ？

そういった報道をそのまま受け取ると2割も年金額が減らされるのか！と思いがちですが、これは誤解です。低下するのはあくまでも所得代替率であって、実際の年金額が2割減るわけではないのです。実際の年金額は24万円で、現在の22万円よりもむしろ増えます。

所得代替率が2割近く下がるのに実際の金額は増えるというのは、一体どうしてでしょう？　結論から言うと、現役世代の賃金が上昇すると予測されているからです。基本的に公的年金というのは物価・賃金にスライドして支給額が上昇する仕組みとなっています。

今回の試算では前述したケース3の場合、今後の実質賃金上昇率を年率1・1％と見ています。ただ、本章の3でもお話ししたように、当面はマクロ経済スライドによって賃金が上昇しても年金支給額は同じようには増えません。このため所得代替率が下がる、すなわちその時点での現役の給料よりも年金額が割負けするということになるのです。でも年金支給の絶対額自体は増えます。さらに言えば、この24万円というのは将来の物価上昇分が上乗せされたものではなく、今の価値に換算して置き換えた数字です。将来、もし物価が上昇していれば、その分はこの24万円には上乗せされることになりますので、生活をするという面から言えば、今の水準とほとんど変化はないか、むしろ若干良くなると言って良いでしょう。事実、この所得代替率の数字自体は5年前の試算に比べると、0・2%とほんのわずかですが改善をしています。これら一連の数字は「財政検証」の要約版を見れば載っています。[※2]

## 「オプション試算」の方が実は重要！

ところで、財政検証にはこうした基本的な検証に加えて、「オプション試算」と言われるものがあります。基本的な試算というのは、現在の制度をそのまま維持した場合の予測結果ですが、オプション試算というのは、制度をどのように変えるとどんな結果が予想されるかという試算のことです。今回は二つのオプション試算が示されています。

まず最初のオプション試算では、厚生年金の加入対象者を今後増やすとどうなるかという試算を行ないました。現在は会社に勤めている人でも企業規模や賃金、労働時間等によっては厚生年金に入っていない人達もいますが、一定の給料、具体的に言えば月5万8千円以上の全ての人を加入対象者にすると加入者は約24%、人数にすれば1050万人が増えます。これによって先ほどお話しした所得代替率は約5%増と大きく改善します。

言うまでもなく、日本は今後人口が減少していくと考えられますから働く人を増やすことはとても重要です。したがって今まで労働市場に参加してこなかった専業主婦の人や高齢者の人が働くようになることは、世の中の方向性としては間違っていないように思います。年金制度に加入することで年金の財政が良くなるのであれば、まさに一石二鳥と言っていいでしょう。

そしてオプション試算にはもう一つあります。それは年金保険料を払う期間を長くすることです。実はこちらの方が影響は大きいのです。現在は、国民年金の加入は原則60歳まで、厚生年金の加入は70歳までです。これをそれぞれ65歳までと75歳までにするという案です。さらに年金の受け取り開始時期についてももう少し選択肢を広げるという案もあります。第1章の3でお話ししたように公的年金は現在60歳から70歳までいつでも好きな時期から貰い始めることができるという仕組みになっているのですが、その期間をもう少し広げて75歳からでも受け取り開始できるように選択肢を広げたらどうかということです。誤解の無いように言っておきますが、これは年金が75歳からしか貰えないということではありません。早く受け取りたい人は現在同様60歳から受け取ることもできます。

## 「波平さん」は何歳？

最近は60歳でもまだまだ元気な人は多いし、70歳でも働いている人は2人に1人はいます。だとすれば元気で長く働きたい人は働くという選択肢があってもいいし、働いている間は年金を受け取らず、できるだけ先延ばしして金額を増やしたいという人もいるはずです。みなさん、漫画のサザエさんに出てくるサザエさんのお父さん、磯野波平さんは何歳かご存知ですか？　何と彼は54歳なのです。サザエさんのテレビアニメが登場したのは昭和44年ですが、漫画自体は昭和26年の4月に朝日新聞で連載が始まっています。その当時の定年は55歳、そして男性の平均寿命は60歳でした。つまり仕事を引退した後の余生は5年しかなかったのです。その頃は年金制度もありませんでした。国民年金が誕生した昭和36年ぐらいになると平均寿命は少し伸びて65歳になりましたが、それでも定年後5年か10年ぐらいの寿命しかなかったわけです。現在の男性の平均寿命が81歳であることを考えると、逆算すれば今は70歳や75歳まで働いても別におかしくはありません。

もしこれらの制度改正が全部行なわれたとしたら、所得代替率は一体どれくらいになるかの試算が出ています。先ほど紹介したケース3を例にとると、何と驚くべきことに所得代替率は111・9%になりますから、現役の賃金を上回ってしまうことになります。これはある意味、長い間働いたのだから当然だとも言えます。つまりそれぐらい、長く働くということが年金財政に与える影響は大きいのです。

そもそも、現在の年金制度は前述のように平均寿命が65歳の頃に作られたものですから、今ほど長生きする想定にはなっていません。したがって時代の変化に合わせてオプション試算を考えるのはごく自然なことです。元気で働く意欲がある人には働ける環境を整備し、おおいに働いてもらい、いわゆる「老後」の期間を短くするというのは今後のライフスタイルとしてはありではないでしょうか。

もちろん、これらはあくまでも単なる試算ですから、すぐにそうなるわけではありません。今後様々な議論が行なわれることになるでしょう。年金制度が万全であるとまでは言いませんが、老後を支える大切な制度ですから、今後も「財政検証」には引き続き注目しましょう。

※1　2019（令和元）年財政検証の資料
https://www.mhlw.go.jp/stf/seisakunitsuite/bunya/nenkin/nenkin/zaisei-kensyo/index.html

※2　2019（令和元）年財政検証結果のポイント
https://www.mhlw.go.jp/content/000540198.pdf

# 第5章　運用で資産寿命を延ばす

## 1　投資は資産寿命を延ばす最も良い方法なのか？

これまで、「資産寿命」を延ばす様々な方法についてお話ししてきましたが、読者のみなさんは、「肝心なことが抜けているんじゃないの？」と思っているのではないでしょうか。それはおそらく、「資産運用とか投資をすることが一番資産寿命を延ばす方法ではないか」という疑問でしょう。

私は、老後のライフプランについての本をたくさん書いてはいますが、長年にわたって資産運用ビジネスを仕事としてきましたので、本来は投資が私の最も得意な専門分野なのです。でもそんな私から見ても残念ながらこの考えには全面的には同意しかねます。

### 金融機関の商法に安易に乗ってはいけない

世の中では「公的年金だけでは不安だから退職金を資産運用で増やして老後に備えよう」ということがまことしやかに言われています。特に金融機関は盛んにこういうことを言います。しかしながら、今までお話ししてきたことからもわかるように、これはあきらかに「不安煽り型商法」です。実際、先の「2000万円問題」が話題になって以降、金融機関での口座開設が増加したり、株式投資スクールのようなところに申込者が急増したりしていることからも「投資で資産を増やそう」という主張は、老後不安を持つ多くの人に対してはかなり効果があると言って良いでしょう。

私は金融機関がそういうセールストークで投資を勧めてくること自体が別に悪いことだとは思っていません。なぜなら彼らも商売ですから、株や投資信託などの金融商品にたくさん投資してもらうことで、自社の収益を最大化しようとするのは当然だからです。そうでないと株主から文句を言われることになります。でもいくら金融機関が勧めてこようが、それを判断するのは顧客です。自分にとって投資が必要かどうかを判断し、必要ならすれば良いし、不要であればしなければ良いだけです。大事なのは①何のために投資をするのか？②投資の本質とは一体何なのか？そして③必要なら投資は具体的にどうすればいいのか？を自分で考えることです。

これは言うまでもないことですが、投資の結果は不確実なものです。先の見えない不確実なものに自分のお金を委ねるのであれば、それなりの準備や覚悟も必要です。投資は魔法の杖ではありませんから、投資さえすればお金が増えると考えるのは間違いです。したがって、資産寿命を延ばすための手段としては、①できるだけ長く働いて収入を得るようにする、②収支をしっかり管理する、③年金などの社会保険制度を正しく理解して利用する、という3つが基本なのです。それに加えて、自分である程度のリスクを取れる覚悟があるのなら、初めてそこで投資や資産運用を考えればいいのです。順序を間違えてはいけません。

## 投資で考えるべき3つのこと

ただし、誤解の無いように言っておきますが、私は投資が全く必要ないと考えているわけではありませんし、「投資は危険だからしない方が良い」と言うつもりもありません。投資は資産寿命を延ばす有効な方法の一つであることはもちろんです。ただ、若い頃から始める投資と50代、60代から始める投資は、そのやり方が異なります。大きく損をしたとしてもまた働いて稼げばいいや、と考えられる20代や30代と違って、ある程度の年齢の場合は、大きな失敗は取り返しのつかない場合もあります。したがって、そのやり方についてはよく考えてから始める必要があるのです。

具体的には、前述した3つのこと、

**①何のために投資をするのか？**

**②投資の本質とは一体何なのか？**

**③投資は具体的にどうすればいいのか？**

をよく考えるのが大切です。この章では、これらのことを考えていきながら、資産寿命を延ばすためにある程度の年齢層の人が投資を始めるにあたって、大切なことや知っておいた方がいいことをお話ししていきます。

まずは①について説明します。「え？　そんなこと言うまでもないでしょう。資産寿命を延ばすためなのだから」と思う人は多いことでしょう。確かにその通りなのですが、実際に投資を始めてみると、目的を取り違えてしまって過大なリスクを取ってしまう人がたくさんいることも事実です。そこで次の節では、投資の目的を考えることから始めてみます。

## 2　投資の目的、あなたはどっち？

そもそも投資するのは一体何のためでしょう。平たく言えば「儲けるため」なのは間違いありません。ただ、儲けを得ようと思うとリスクを避けることはできません。この場合に言う「リスク」とは必ずしも損をするという意味ではありません。投資の世界におけるリスクというのは、どれぐらい儲かるか損するかがわからない、その「ブレ具合」のことを言います。たくさん儲けようと思ったら、当然たくさん損をする可能性もあることを覚悟しなければなりません。したがって、積極的にリスクを取ってたくさん儲けることにチャレンジするのも投資の目的として間違いではありません。が、投資にはもう一つの目的もあります。それは資産の価値を減らさないようにすることです。もう少し具体的に言えば、将来物価が上昇しても、自分の持っているお金の購買力が減らないようにするということです。

## 必要なのはお金ではなく、購買力

第4章の2で、年金の賦課方式の説明で紹介したLSE（ロンドン・スクール・オブ・エコノミクス）の教授であるニコラス・バー氏が述べた話の繰り返しになりますが、バー氏は年金の本質として、このようなことを述べています。「年金受給者は金銭に関心があるのではなく、消費（食料、衣類、医療サービス等）に関心がある」。一瞬、「金銭に関心がないって、どういうこと？」と思うかもしれませんが、これはごく当然のことを言っているのです。お金が欲しいのはそれでモノやサービスが買えるからであり、そうでなければお金はただの紙切れに過ぎません。仮に今、蕎麦を一杯食べるのに600円必要だとします。30年後に600円持っていてもひょっとしたらその時に同じ蕎麦の値段は2000円になっているかもしれませんから、600円持っているだけでは食べられるかどうかはわかりません。つまり大事なのは金銭ではなくて、物価が上がっても購買力が維持されていることなのです。

公的年金は賦課方式なので、将来インフレになったとしても、ある程度は物価にスライドするというのは前にお話しした通りですから、購買力はほぼ維持されます。ところが自分が持っているお金は現金のまま何もせずに置いておくと価値が目減りし、購買力がなくなってしまいます。実はこの購買力を維持するということが資産寿命を延ばすことそのものであり、特にリタイアした層の人達にとっては最も大切なことなのです。バー教授が言っているのは、「お金があってもしょうがない。モノやサービスを手に入れることのできる購買力が大事である」ということなのです。

## 投資で購買力が維持できるのか?

では投資をすることで購買力が維持できるのでしょうか? 答えはイエスです。経済の原理原則を考えてみましょう。日本では長い間デフレによる不況が続いていましたが、経済がゆっくりと成長する時はゆるやかに物価が上がるのが普通です。かつてのオイルショックの時のような極端な原材料価格の高騰によるインフレならともかく、通常の物価上昇であれば経済の成長を伴うものですから市場全体の株価もゆるやかに上昇していきます。

もちろん、地域や国によってその度合いは異なりますから、一つの地域やエリアだけで

図7　国際分散投資

| 積立開始日 | 終了日 | 積立総額 | 国際分散投資 | 倍率 |
|---|---|---|---|---|
| 1988年12月末 | 2018年9月末 | 357万円 | 1265.5万円 | 3.54倍 |
| 1997年12月末 | 〃 | 249万円 | 605.0万円 | 2.43倍 |
| 2007年12月末 | 〃 | 129万円 | 266.9万円 | 2.07倍 |
| 2012年12月末 | 〃 | 69万円 | 97.9万円 | 1.42倍 |

表は開始日から終了日まで、期初および毎月末に1万円ずつ、MSCI ACWIに、積み立てにより国際分散投資した場合のそれぞれの最終金額を計算しています。
取引に係る手数料・税金は考慮しておりません。
データ：イボットソン・アソシエイツ・ジャパン株式会社の計算によるデータより、株式会社オフィス・リベルタスが作成
MSCI ACWI：Morgan Stanley Capital International All Country World Index

はバラつきがあるでしょうが、世界の株式市場全体に投資をしておけば、将来物価が上昇した場合、多少のタイムラグはあったとしても株式市場全体もゆるやかに上がるでしょう。

したがって、購買力を維持する目的で投資するのであれば、積極的にリスクを取って集中的に投資するのではなく、国際分散投資、すなわち日本国内に限らず広く他の先進国や新興国等の株式に、それぞれの市場の規模に応じて分散して投資しておけば良いのです。

図7をご覧ください。これは国際分散投資を過去30年、20年、10年と長期にわたって続けた場合の実績を示したものです。これを見ると十分に購買力が維持されていたことがわかります。日本の株式市場

だけに投資をしていたのでは、恐らくこれだけ高い運用成果にはならなかったでしょう。

それに、国際分散投資といっても別に難しいことではありません。今なら例えば「eMAXIS slim 全世界株式（オールカントリー）」とか、「楽天・全世界株式インデックス・ファンド」など全世界の株式市場にその規模に応じた割合で分散して投資する投資信託が1万円からでも購入することができるからです。

## 自分でリスクを取れる金額だけ投資

もちろん購買力を維持する方法はこのような国際分散投資だけではありません。例えば「個人向け国債変動10年」のように今後金利が変動して受け取れる国債もある程度インフレに対応することはできます。満期までの中途で換金しても元本を割ることはありませんから、自分の資産の一部で購入しておくことも一つのやり方です。また、必ずしも自分の資産の全てを投資に回す必要はありません。人によってリスクをどれぐらい取れるかは変わってきますから、自分でリスクを取れる金額だけ投資をすればいいのです。

## 「購買力の維持」を目的にした投資を

投資で大きく儲けようとするのであれば、投資する対象先を選ぶことはきわめて重要です。成長性があり、安定的に利益を生み出す企業に投資をすることで大きな利益を得ることができるからです。しかしながら大幅に利益を得ることは期待しなくても購買力を維持することを目的にするのであれば、個別の銘柄を研究したり考えたりすることなく、全世界の株式へ国際分散投資することだけでも十分だろうと思います。もちろん、「自分はそんなやり方ではなく、積極的にリスクを取って儲けを狙うのだ」という人はそれでも一向にかまいません。私もどちらかと言えば、リスクを取るのが好きな方です。でも資産寿命を延ばす、という視点で考えた場合は、国際分散投資で良いと思います。

## 3　投資は楽をして儲かるわけではない

投資に対して抵抗がある、という人は多くいます。その理由の一つに、「投資」と「投機」を混同していて、投資するというと何か博打のようなものだと思っている人が多いことが挙げられます。私は投機が別に悪いことだとは思いませんが、投資とはそのやり方が明らかに違います。投資はお金を投じる先の「価値」が向上することに期待する行為ですが、投機は、お金を投じる対象の「価格変動」に賭ける行為です。価値が向上するかどうかはある程度投資先の企業分析をすれば予測できますが、価格の変動は予測できません。したがって、投機の方が投資よりもはるかに難しいと私は考えています。こういう誤解もそうですが、それよりも根本的な誤解は「投資による儲けは不労所得」と思っていることです。しかし、投資は決して楽をして儲かるというものではありません。

## 投資の儲けは不労所得か？

多くの人が「働く」という言葉を聞くと思い浮かべるのは、製造、販売、管理といった具体的な仕事のイメージです。でも働くというのはそうした目に見える労働だけではありません。例えば企業の経営者というのはどんな仕事をしているのでしょう。彼らの最も重要な仕事は「判断する」ということです。会社が持っている経営資源、従業員や資本や設備等をどの分野に投入すれば最も高い利益が得られるかを考え、判断するのが仕事なのです。トヨタ自動車の社長は自分では自動車を組み立てることはないでしょうし、パナソニックの社長が店頭で冷蔵庫を売ることもないはずです。でも彼らは別に仕事していないわけではなく、「経営する」という仕事をしています。経営というのは「リスクを取って判断し、その結果の責任を負う」ということです。

でもこれって何かと似ていませんか？　そう、まさに投資家がやっていることなのです。「何に投資すべきか」「それをいつやるべきか」「いつ売って利益を回収するか」等々、すべて自分の頭で考え、分析して実行する。利益が出ても損が出てもそれは投資家の責任ですから、投資家がやっているのはまさに経営者がやっていることと同じことです。

## 投資家の仕事は「リスクを取る」こと

したがって、投資家は決して楽をして儲けているわけではなく、「リスクを取る」という仕事をしているのです。一度でも会社を経営したり、自営だったりした経験を持つ人ならこの感覚は容易に理解できます。でもサラリーマンにはなかなかこれがわからないのです。結果、「投資は楽をして儲けることだ」と思い込む、中には「株をやる奴なんか人間のクズだ」とまで言う人もいます。

そういう人が、一生投資をしないのであれば、それはそれで良いのです。投資の世界に入らないのであれば誤解しようがどうであろうがその人の自由です。でももし資産寿命を延ばすために少しでも投資をしてみようと思うのであれば、投資を甘く考えない方が良いでしょう。ありがちなパターンは、それまで投資を軽蔑してきた人が退職金を貰って急に「儲けたい」という欲が出てきて投資を始めることです。

## 退職者が陥りがちな甘い勘違い

私は長年金融機関に勤めてきたのでわかりますが、「退職者」というのは金融機関にとっては最も〝おいしい〟顧客なのです。何せ、まとまったお金を持っています。でも投資をしたことがない人は知識を持っていません。ところが儲けたいという欲だけはある。そんな人が貰ったばかりの退職金を持って金融機関の窓口に出かけるというのは、あまりにも危険な行為です。ライオンの檻の中にウサギが入っていくようなものです。

そういう人は「投資は楽をして儲けるものだ」と思っているから真剣に勉強しようとしません。その上、多くの人にとっては退職金ほどのまとまったお金を持つのは初めてですから具体的にどうすればいいかわかりません。そこで手っ取り早く、親切に声をかけてくれる金融機関の人達に相談して儲かるものを教えてもらおうとします。でもそんな都合のいいものはありません。楽をして儲けることなどできないのです。ですから退職金で投資デビューすることだけは絶対にやめた方が良いと思います。

では、それまで投資した経験のない人が投資を始めるにはどうすればいいのでしょうか？　それはまずしっかりと勉強することです。そして少額から実際に投資を体験することです。勉強して投資を始めてみると、頭ではわかっていても気持ちの上でどうにもならずに失敗することはよくあります。例えば株が上がってくるとうれしくなってもっと資金を投入したくなります。逆に株が下がると見るのも嫌になり、投資をやめてしまうか、売るという行動を取りがちです。これらはいずれも失敗のパターンで、本当はその逆をしなければならないのですが、人間の気持ちはなかなかそういうわけにはいきません。

そんな時は、心の赴くままにやっておおいに失敗をすればいいのです。そんな時、大きな痛手にならないような金額でやっていれば失敗してもダメージは少なくて済みます。次の節で少し詳しくお話ししますが、投資は少しずつゆっくりと儲けることを考えるべきです。退職金やそれまで蓄えてきた貯金を一度にまとめて投資をするというのは投資初心者が取るべき態度ではありません。投資を決して甘く見てはいけないのです。

## 4 〝早く〟、〝たくさん〟儲けたいという間違い

前節でお話ししたように〝投資は楽をして儲かるものだ〟と考えてしまう「投資の利益＝不労所得論」と同じく、これも投資したことの無い人が陥りがちなのが「手っ取り早く儲けたい」という間違いです。もちろん、たまたま買った株が短期間に大きく値上がりすることは起こり得ます。何しろ株価というものは常に動いているわけですから、ほとんど知識を持っていなくても運良くそういう機会に巡り合うこともあるでしょう。いわばビギナーズラックのようなもので、あくまでもたまたまラッキーだっただけです。初めて競馬に行った人の買った馬券が偶然大穴で当たったようなものです。何も考えずに投資をしてそんな幸運が続くはずはありません。

### 「ゆっくりとお金持ちになろう」

アメリカで90年代の初め頃に出版された『Grow Rich Slowly』という本があります。

これは当時全米で最大の証券会社であったメリルリンチ社（現バンク・オブ・アメリカ・セキュリティーズ）が出した本で、定年後の生活設計のために若い頃から少しずつ投資をして資産形成していきましょう、ということが書かれています。まさに「ゆっくりとお金持ちになる」ことを目指した本です。資産形成を図るためにはある程度の時間が必要で、これは働いて稼ぐ場合も投資で利益を得ようとする場合も同じです。早くたくさん儲けようと思ったら、投機などでかなり大きなリスクを取らなければなりません。したがって「早くたくさん儲ける」ことは同時に「早くたくさん損をする」ことでもあるのです。しかも投資には手数料というコストがかかります。これは儲かっても損をしても同じようにかかるコストですから、仮に儲けと損の確率が五分五分だとしても手数料分だけは損をしますので、短期的な取引で大きく儲けようとした場合に「早くたくさん損をする」確率は5割以上あると考えて良いでしょう。したがって、資産形成を図るためには若いうちから少しずつ投資を重ねて行くことが大切なのです。

ところが定年近くになってくるともうあまり時間はありません。そこで資産寿命を延ばすべく、自分の資産を増やすために投資して手っ取り早く儲けたいと思う人が増えてきます。そういう人は一体どういう行動を取るかと言えば、専門家と言われる人達に聞くことになります。それは証券会社の社員であったり、投資情報を提供する業者であったりするわけですが、これでは、言うなれば競馬場で予想屋に買うべき馬券を聞くのと大差ありません。

## 投資で絶対に正しいたった二つの真実とは?

投資のやり方は様々で、絶対正しい方法というのはありませんが、たった二つ「これだけは正しい」と言えることがあります。それは、**①先のことは誰もわからない**、ということと、**②世の中にうまい話はない**、ということです。これは投資をする上で絶対理解をしておかねばならない真実です。でも「手っ取り早く儲けたいので、何を買えば儲かるのかを人に聞こう」と思っている人は、この二つの真実を全く理解していません。自分は何も勉強せず、考えもしないで誰か人に上がりそうな銘柄を教えてもらおうというのは虫の良過ぎる話ですし、そもそもそんなことを教えてあげようという人がいたら、それは疑ってかかるべきです。なぜなら絶対に儲かるというのであれば、普通はそれを人に教えないでしょう。自分が一人こっそりと買って儲けるはずです。

それに投資は完全に自己責任です。人から勧められて買った株が下がったとしても勧めた人には責任はありません。それだけに自分で勉強するのが面倒な人や自分でリスクを取る覚悟の無い人は投資をすべきではないのです。正直言って「退職金投資デビュー」というのは絶対やるべきではないと考えますが、それでも投資をしたいというのであれば、前節でもお話ししたように、勉強しながら少しずつ始めていくべきでしょう。60歳近くになって今さら遅いと考える人もいるかもしれませんが、平均寿命が延びることを考えると、定年後だってまだ20年以上の人生があるという人は多いでしょう。であれば資産寿命を延ばすために長期に投資をするのは、別に悪いことではありません。本章の2でお話ししたように国際分散投資を積立てで行なうことは有効です。

但し、「早く、たくさん儲けよう」と考えて投資をすると、それは多くの場合、単に投機に終わってしまい、結果的に失敗する可能性は高くなることに注意すべきです。ましてや、投資の判断をすべて人に委ねるというのは決してやるべきではありません。自分ではとても勉強なんかできないし、リスクを取る覚悟もないということであれば、投資はしない方が良いでしょう。資産寿命を延ばす方法は決して一つではありません。

但し、自分の責任において投資するのであれば、最近では投資に際して優遇されている制度がいくつかあります。それらを有効に使うことで長期に投資する上でのアドバンテージを得ることは可能です。それについては次の節でお話ししたいと思います。

## 5　制度を活用した資産運用

２０００年代に入って以降、ずっと「貯蓄から投資へ」ということが叫ばれていますが、相変わらず投資しようという人は少ないようです。その理由や背景については、ここでは論じませんが、投資するにあたって、優遇措置の取られている制度はいくつかあります。もし投資を使って資産寿命を延ばすことを考えているのなら、こういう制度は使わなければ損です。

### iDeCoは最強の投資法

もしあなたが50歳未満であるなら、資産寿命を延ばすための最強の方法は「個人型確定拠出年金」（愛称：ｉＤｅＣｏ）です。この制度はごく簡単に言えば、月々5千円から積み立てることができ、定期預金や投資信託でその積み立てたお金を自分で運用し、60歳以降に受け取ることができるという仕組みになっています。この制度のメリットはたくさんあ

### 図8　iDeCoの所得控除

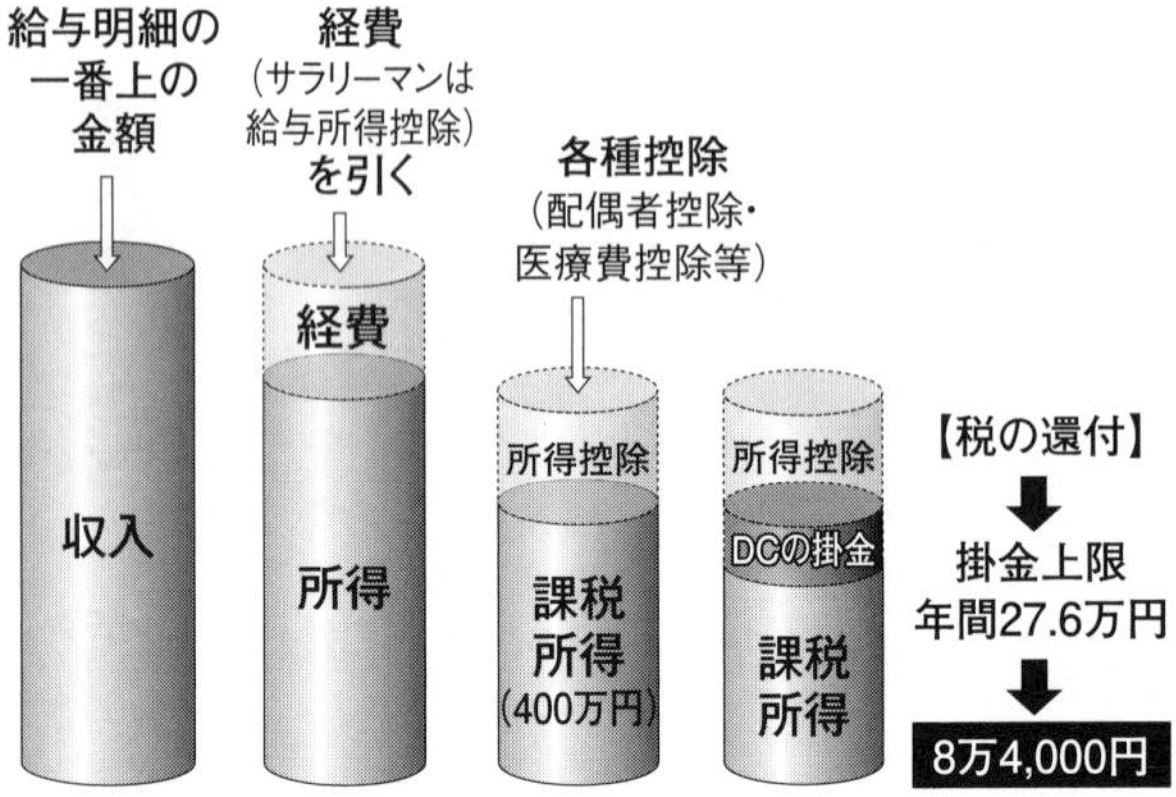


復興特別所得税は考慮していません

ります が、主なものだけでも3つの大きなメリットがあります。

1つ目、これが最大のメリットですが、自分の出した掛け金が全額所得控除されることです。サラリーマンにとっては、「所得控除」と言われてもピンと来ないかもしれませんが、これがあると、年末調整で戻ってくるお金が相当増えます。具体的には図8にあるように課税所得が400万円であれば、サラリーマンが掛けられる上限の金額、年間27万6千円を積み立てると所得税と住民税を合わせて8万円あまりが戻ってくるのです。

2つ目のメリットは運用の結果、出た利

益に対して全く税金がかからないことです。普通は投資で得た利益に対しては20％の税金がかかりますが、iDeCoを使えば無税です。資産運用にとって最大の敵は税金と手数料というコストですから、その税金がかからないというのは大きなメリットでしょう。

3つ目のメリットは「何があっても60歳までは引き出せない」ということです。途中でおろせないのはデメリットじゃないの？と思う人もいるでしょうが、そもそもこの制度は老後の資金を作るための制度ですから、簡単におろせないようになっているのは、老後資金を確保するためには、むしろメリットと考えるべきでしょう。

## 投資が嫌いでもiDeCoは利用価値あり

iDeCoの良い点は、必ずしも投資信託等のリスク商品でしか運用できないわけではなく、定期預金のような元本確保型商品でも運用できることです。私自身はiDeCoの運用は投信のようなできるだけ「期待リターン」の高い商品で運用すべきだと思ってはいますが、これは人それぞれです。今のような超低金利の時代では普通に定期預金をしても利息はほとんどつきませんが、iDeCoの場合は前述のような所得控除の効果が大きいため、下手な投資よりもはるかに安定的に利益を得ることができます。もちろん運用益と所得控除の比較自体はあまり意味がありませんが、キャッシュを得ることができるという点ではおおいに評価すべきでしょう。

しかし、この制度はできる限り50歳までに加入しておくのが好ましいのです。なぜなら今のところiDeCoに加入できるのは60歳までとなっているため50歳超で加入すると加入期間が10年に足りません。その場合、受給開始できるのが60歳ではなく61〜65歳からとなります。したがってできるだけ早い年齢の時期から始めることをお勧めします。ただ、先日、与党がまとめた「令和2年度税制改正大綱」でも、加入期間を65歳まで延長する案が示されていますので、今後も注目が必要です。

## つみたてNISAも若い人だけの特権ではない

iDeCoは、原則として誰でも加入できるのですが、現時点では企業型確定拠出年金を導入している会社に勤める人はほぼ加入するのが不可能です。また加入できたとしても積立額は少ないので、この制度はどちらかと言えば自営業やフリーランス、あるいは企業年金のない中小企業等に勤める人に向いた制度です。それ以外の場合は同じような税制優遇のある制度としてＮＩＳＡやつみたてＮＩＳＡがあります。特につみたてＮＩＳＡは利用できる期間が20年と長いため、将来の資産形成には優れた制度と言っていいでしょう。一般的にはつみたてＮＩＳＡは期間が長いために若い人に向いた制度と思われがちですが、かならずしもそうではありません。何しろ人生１００年時代ですから50歳や60歳で積立てを始めたとしても十分時間はあります。私自身もＮＩＳＡが始まった時は既に62歳でしたが、その時以来、毎年積立てを続けています。前述の「税制改正大綱」でも期間の延長が、示されています。

ただ、こちらはｉＤｅＣｏと違って掛金が所得控除されることはありませんし、制度の正式名称が「少額投資非課税制度」とあるように運用も投資信託等のリスク商品しか利用することはできません。ただし、運用益に対して税金がかからないというのは非常に大きなメリットですから、自分でリスクを取れる範囲内で投資をやっても良いと判断する人であればＮＩＳＡやつみたてＮＩＳＡはおおいに活用すれば良いと思います。

また、期間の延長だけでなく、仕組みについても改正案が「税制改正大綱」で打ち出されていますが、具体的な制度の設計と中身はまだこれからでしょうから、引き続き注目しておく必要があります。

ここではごく簡単に制度の説明をしましたが、実際に利用するにあたっては、手続きも含めて様々なことをきちんと理解しておく必要があります。そこで、これらの制度を利用するにあたって、参考となる本を紹介しておきたいと思います。

「個人型確定拠出年金」（ｉＤｅＣｏ）について

『図解 知識ゼロからはじめるｉＤｅＣｏ（個人型確定拠出年金）の入門書』

大江加代・著　ソシム

「少額投資非課税制度」（ＮＩＳＡ）について

『税金がタダになる、おトクな「つみたてＮＩＳＡ」「一般ＮＩＳＡ」活用入門』

竹川美奈子・著　ダイヤモンド社

# 第6章　私たちの「お金の長寿術」

## ――5人の老後のお金と暮らし

# 「試験に失敗したことで人生観が大きく変わりました」

廣田直希さん（66歳）　滋賀県在住　キャリアコンサルタント

　廣田さんは、大手医療機器会社に定年まで勤務し、その後、会社の再雇用制度で働き続けたという経歴の持ち主です。現代の一般的なサラリーマンとしては最も多いケースのように見えます。ところが廣田さんの場合は、他の人とはひと味違っていたのです。どこがどう違っているのか、その仕事観、人間観、そして資産寿命を延ばすために実践していることなど、〝普通のサラリーマン〟にとって学ぶべきことがたくさんあります。そんな廣田さんから詳しいお話を聞きたくて、インタビューを

お願いし、滋賀県からわざわざ大阪まで出てきていただきました。

## あと1年を目前に、64歳で辞めた会社

66歳となる廣田さん、今のお仕事は何をしていらっしゃるのでしょうか。

「現在の仕事はキャリアアドバイザーです。具体的な仕事のものは、企業から委託を受けて、定年前後の人に対して面談し、働き方や今後の方向についてのアドバイスを与え、そして再雇用で働く人については悩みごとや問題点がないかを聞き出し、改善が必要と思われる点があれば、それを会社に報告するというものです」

以前にお話を聞いた時にはたしか定年を迎えた後、再雇用で同じような仕事をしておられたように思ったので、その辺についても聞いてみました。

「ええ、その通りです。私は定年後に、再雇用となり、単身赴任のまま今までの職場で働き始めました。再雇用でやっていた仕事は現在と同じキャリアアドバイザーで、仕事の内容も全く同様です。でも本来再雇用であれば65歳まで続けられるのですが、私はその少し手前、64歳で会社を辞めたのです」

なぜあと1年続けずに辞められたのでしょうか。

「ひと言で言えば、親の介護が必要となってきたからです。そこで会社は辞めて少しずつ介護もしながら当分、ゆっくりしようと思っていたのです。ところが、その時に人事部長に呼ばれまして、せっかく良い仕事をしているのだから、別な方法で仕事を続けられないかと言われたのです。少し迷いはしましたが、せっかくキャリアコンサルタントの資格も持っているのだし、仕事自体はとてもやりがいがあるので、そういうことでお世話になるのなら、同じ仕事を続けても良いかなと思ったんです。で、自宅のある滋賀県に戻り、結局64歳で独立した個人事業主となり、会社とは雇用契約ではなく、業務委託契約で働くようになりました」

## 退職金の受け取り方に見る優れたセンス

収入的には現役時代よりはかなり減ったということのようですが、節約はしても、生活を切り詰めるようなことはあまりされていないようです。

「そもそも退職するとそれほどお金は使わなくなりますね。それに私は退職金を貰わずに、それを全部年金形式で貰うようにしたのです」

退職金を一時金で貰わず、全て年金化するという人はどちらかと言えば少数派です。なぜなら誰もが税制面で有利な一時金を選択する傾向があるからです。ところが廣田さんはそうは考えなかったと言います。

「もちろん税金だけ考えたら一時金の方がいいかもしれませんよ。でも年金化して受け取ればその期間、会社が一定の利回りで運用してくれるわけです。退職金を受け取って、同じように自分で運用できるかどうか自信はありませんからね。だから年金化して受け取った方が長い目で見ると安心だし、有利だと思っています。おかげで働いて得る収入は減っても普通に暮らせますし、サラリーマン時代と違って、自分の意に合わない仕事なら断れますからね。これも年金で受け取っているおかげですよ」

**お金に関しては全て妻に任せきり、とは言うものの……**

退職金については目先の損得だけで考える人が多い中で、これはとてもしっかりした考え方だと思います。お金の管理についても奥さんに任せず、全て自分でやっておられるのでしょうか？

「いえ、お金に関しては全て妻に任せきりです。ただ日常の家計のやりくりは全て任せていますが月に一回、自分で金融資産の状況のチェックはしています。株式投資も2000年ぐらいから始めましたが、自社株が値上がりしたこともあって、これまでに投資した金額の10倍ぐらいには増えています。普通にお金は使っているつもりなのですが、月一度のチェックをしてみると、退職して収入が大幅に減っているにもかかわらず、今でも仕事をしているせいか結局少しずつ増えてますね。妻は自分のやりくりが上手だからだと自慢していますけどね（笑）」

廣田さんは、資産形成には鉄則があると言います。

「ある程度収入のある現役時代にお金を貯めておかないと駄目ですね。それに株式投資はあくまでも余裕資金でないとやるべきではありません。退職金をまとめて貰ってそれで株式投資などはもっての外です」

「あと、私は毎月3万円ずつ『つみたてNISA』をやっています。『つみたてNIS

A』って若い人の専売特許みたいに思われているかもしれませんが、決してそんなことは無いと思います。積立てをしているのは、将来自分が要介護になった時のためです。でも、もしこれが何も仕事をしていなかったら、そういう積立てをする余裕もなかったかもしれません。そう考えると、金額の多寡にかかわらず仕事を続けることは必要ですね」

「それから後輩の人達に言いたいのは、資産寿命を延ばすためには住宅ローンと教育費は定年前に終わらせておくことですね」

これは私も同感ですが、さりとて、晩婚化が進む今の時代においては、定年になってもまだ教育費がかかるケースも多いでしょう。

「だからこそ、現役時代にお金を貯めておくことが大事なんです。子供が生まれた時点で自分の定年時には子供が何歳かということはわかっているんですから、それに向けて準備はしておくことが大切です」

## 転機は資格を取得する時に訪れた

廣田さんは、ずっと営業畑だったのですが、50歳で営業から他の仕事に移った時に「これからの人生は自分で道を開いて行こう」と思ったそうです。そこでいくつかの資格取得にチャレンジしたのですが、最も難関だったのがキャリアコンサルタントの試験。廣田さんにとって人生の大きな転機は、キャリアコンサルタントの試験に何度か不合格になった時だったそうです。

「考えてみると、あれが自分の人生にとって大きな転機でしたね。それまでの自分は『自己肯定感』がとても低い人間だったということを実感しました。サラリーマン生活の中でうまく行かないことがあると常に言い訳をしていたんですね。でも試験に失敗したことで大げさに言えば人生観、人間が大きく変わりました」

今では廣田さんは「人が生き生きと仕事ができるよう支援すること」に大きなやりがいと生きがいを感じると言います。そんな廣田さんは今の仕事をいつまで続けるつもりなのでしょう。今後のライフプランについて聞いてみました。

「70歳までは働きたいですね。その後は仕事以外で好きなことをやりたいです。趣味や野球観戦、読書、そして文章を書くことです。もちろん人のために役に立つ今の仕事も機会があれば少しずつでも続けていきたいと思っていますよ」

今はにこやかに、そしておだやかに語る廣田さんですが、これまでのお話を聞く限り、様々な挫折を経験されたようですから、辛いこともあったと思います。でもそうした挫折を転機として次にステップアップしながら、自身の資産形成も堅実に実行してきたことが、充実した今の仕事や生活につながっているのだと思います。

サラリーマンが資産寿命を延ばすためには、それほど特別なことをする必要はありません。廣田さんのように現役時代からコツコツと貯蓄を続け、できるだけ仕事を続けながら、将来のための保険として年金と積立投資をしておくということで良いと思います。そういう意味では廣田さんは最も理想的なサラリーマンモデルと言えるのではないでしょうか。

# 「体が元気なうちは、ずっと続けます。生涯現役ですよ」

佐藤 有さん（68歳） 東京都在住　カフェ経営者

東京の郊外、小田急線の鶴川駅から車で5分ほど行ったところに佐藤さんが営む「Weekend Café」はあります。佐藤さんは長年勤めていた大手金融機関を60歳で定年退職し、奥さんと二人でカフェを開業しました。

と、このように書くと、まるで「人生の楽園」風で、多くの人があこがれる定年後の生活を想像するでしょうが、佐藤さんに取材して開口一番出てきたのは「何よりも大切なのは事業計画ですよ」という言葉でした。そこにあるのは、単なる憧れや夢といったキラキラ感ではなく、しっかりとビジネスを見据える眼差しだったのです。

**定年を機に妻と一緒にやりたいことを**

そもそも、佐藤さんは一体どういうきっかけでカフェをやろうと思ったのでしょう。

「元々は妻が趣味で30年以上にわたってケーキ作りをしていたのです。洋菓子研究家で有名な今田美奈子さんに師事し、ケーキ作りを始めたのですが、私が定年近くになる頃には、自宅で人にケーキ作りを教えたり、ケーキ屋さんから委託されてケーキを作ったりと、かなりの腕前になってきました。そこで『店を持ちたい』という妻の夢を実現しようと考えたのがきっかけです」

つまり定年をきっかけとして新しいことに一歩踏み出したということのようです。

「私は長年金融機関にいたので、新しくビジネスをやるなら収益性を考えることが最も大切だと思っていました。そこでしっかりと事業計画を作ったのです」

「具体的にはどのようなことをされたのですか？」

「東京商工会議所が主宰している『創業塾』に通いました。そこでいろんなことを学び、自分達なりのルールや、やり方を考えたのです。例えば、
①ケーキ屋ではなくカフェ（理由）→ケーキは数を作れないから
②喫茶店ではなく、飲食業（理由）→地域ニーズを考えるとランチメニューは必須
③マーケティングの工夫（理由）→ターゲットは女性に絞って、価格帯も真剣に考えた
④借り入れはしない、人は雇わない（理由）→過大なリスクを負わない

といったようなことです」

なるほど、そこまで事業戦略をしっかり考えられたのですね。儲かっているのでしょう

か。

「いや、それほど儲かっていないです（笑）。でも、開業後丸8年経ちますが、顧客数は基本、右肩上がりになっています。一時客足が落ちたことがありましたが、メニューを変えたら回復しました。それなりに工夫もしているのですよ。食材について言えば、出来上がったものを買うのではなく材料を買って作る方が原価は下がりますし、お客さんの満足度も高くなることは間違いありません。質を落とすことなく、コストを下げる工夫をしています」


店内を見渡すと、食器やちょっとした小物のアンティークが置いてあります。そしてその中に「古物商」と書いてあるプレートを発見しました。どうやらカフェだけではなく、アンティークの販売もされているようです。

「アンティークは妻の趣味ですし、カフェとアンティークって親和性が高いんですよ。だから半分は店のブランド価値を高めるのが目的でアンティークを置いているのですが、継続的に買ってくれる人はいます」

## 何よりもうれしいのはお客さんに喜んでもらうこと

夫婦で好きなことをしながら、ある程度の収益を上げることができるのは素晴らしいことだと思います。結果として資産寿命を延ばすことにもつながるのではないか、その辺りや金銭観についてもお話を聞いてみました。

「そうですね。お店で上がる収益で、楽しむことにお金を使えるというのは何よりもありがたいですね。美味しいものをよく二人で食べに行きますが、これはビジネス上の投資でもあります。有名パティシエがやっているお店はほとんど行きましたし、妻も有名パティシエの授業を直接受けたりもしてきました」

実にうらやましいと思う反面、お店を続けていくのは大変なのではないでしょうか。

「Weekend Caféの名前どおり、週末の金土日、3日間しかやっていませんから、十分にできますよ。それに8月は毎年一カ月間お店を休業しますので、その間に思いきりリフレッシュできます。それにお店をやっていると色々と楽しいことが多いんです」

〝楽しいこと〟という言葉に惹かれ、具体的にどんな楽しみがあるのかを訊いてみました。

「そもそもお店に来るいろんな人と出会えることが楽しいですね。そしてお店をやっていて何よりもうれしいのはお客さんが『美味しかった、楽しかった』と言って帰ってくれること。そのためにどうすれば喜んでもらえるかを必死で考えるんです。ホームページを作ってそれに載せる写真も良いのが撮れるようにニコンのカメラ教室に通いました。今目の前にあるこの机もアンティーク風ですが、古材を使って私が自分で作ったんです。周りに置いてある本物のアンティークテーブルにも負けていないでしょ。お店のBGMにジャズをかけているうちに、ジャズにも興味を持ちました」

何と佐藤さんはまさに60の手習いでジャズボーカルとジャズドラムを習い始め、それが一番の趣味になっているということ。時には近所のジャズバーで演奏することもあるそうです。

定年後にこんなカフェとか蕎麦屋をやってみたいと思う人は結構いるでしょう。そういう人達に対してのアドバイスがあるかどうか、訊いてみました。

「新しくお店や事業をやろうという人達には様々な公的支援があるのです。ですから、私もそうでしたが、まずは地域の商工会議所に相談するところから始めるのが良いと思います。そして事業計画はいい加減ではなく、しっかりと立てること。投資に見合うリターンが見込めないならやるべきではありません。あとは借金をしたり、人を雇ったりといったリスクは避けることですね。で、もし上手くいかないなら早くあきらめることも大事です。そういうこともありますよ。でも深入りしなければ、そして借金や人の雇用がなければ店をたたむのも簡単です」

### 経営資源の有効活用という発想

長年、金融機関でビジネスをやってきた佐藤さんの思考は極めて合理的です。今後のビジネスの展開についても語ってくれました。

「繁盛してくるとお店を増やそうとか店舗を大きくしようという人もいるでしょうが、事業を拡大するにはリスクが伴います。私は夫婦二人でやっていける範囲内でしかやらないと決めています。ただ、週3日しか営業しないので、残りの4日間、このお店という『場』の有効活用は考えたいと思い、ECCジュニアと提携して英会話の教室をやることにしました。私自身、海外勤務の経験があり英語はできますから、空いた時間を活用するにはうってつけのビジネスだと思っています。単なる場所貸しだけでは、収益の安定性に欠けますから、あまり有効活用にはならないと思っているんですよ」

たしかに子供たちの英会話教室ということになれば、当然子供たちのお母さんもやってくることになるでしょう。今のカフェという業態との相乗効果も十分見込めるような気がします。実によく考えられたビジネスプランではないでしょうか。

最後に「いつまでお店を続けるおつもりですか?」と訊いてみました。

「体が元気なうちはずっとです。生涯現役ですよ」

佐藤有さん、68歳。ある時はカフェ店主、ある時は写真家、またある時は庭師、そしてまたある時はＩＴエンジニア、英語教師、ジャズシンガー等々、まさに七色の顔を持つ素敵なシニアです。多様な生き方で生涯現役を貫く、頼もしい愉快なシニアがここにも一人いるということを感じながら、お店を後にしたのでした。

## 「やっぱり自分の人生だから、やりたいことをしたい」

桶屋康宏さん（61歳）　滋賀県在住　コンサルタント、ファイナンシャルプランナー

少し早めに着いた京都駅近くのホテルのロビーで待っていると、今回インタビューさせてもらった桶屋さんがにこやかにやって来ました。桶屋さんとは4年ほど前に日本FP協会のイベントで知り合って以来のお付き合いです。当時はNECにお勤めでしたが、定年を機に完全に独立し、現在はコンサルタントを営んでいます。主な業務内容は複数の企業との顧問契約、そして公的機関等からのスポット的な仕事の依頼、さらに各種団体から依頼を受ける講演活動等です。資産寿命を延ばす方法とし

て、60歳から新しい働き方で収入を得ることはとても大切ですが、桶屋さんはまさにその一つのモデルと言って良いでしょう。

桶屋さんと会ってお話を聞いていて、つくづく感心したのは、自分が独立するにあたって、「何をやるべきか」「自分の仕事の戦略ドメインは何か？」ということの理解が実にしっかりしていることです。ご自身の弁によれば、「独立するにあたって『戦略ドメイン』を一番考えた。そのためだけに2〜3カ月かかった」ということでした。私も定年後に独立して成功してきた方を多く見てきましたが、いずれにも共通するのは、自分の仕事の目的や哲学をしっかり考えているということです。

## ビジネスとファイナンシャルをつなぐ

桶屋さんの事務所の名前は「オフィスCFC」と言います。C＝Connecting、F＝Future、C＝Consultingのそれぞれ頭文字を取ってCFCです。仕事のコンセプトである、「ビジネスとファイナンシャルをコネクトし、企業・個人の将来に貢献するコンサルティング」を表しています。このコンセプトを聞いた時、「ファイナンシャル」という言葉がちょっと気になりました。そもそも桶屋さんのサラリーマン時代の専門業務は、ＩＴ分野だったからです。ところが50歳になった時点で、会社の業務とは畑違いのＦＰの資格を取得されたのです。そこに何か考えることがあったのでしょうか？

「きっかけは、自分がコンピュータで担当していた保険会社の人から、『ＦＰ資格を取ってみたら』と言われたことだったんです」

でも、ＩＴが専門ですから金融は畑違いです。勉強は苦にならなかったのでしょうか。

「ええ、ちっとも。というのは、ＩＴ企業にいたとは言え、担当企業の多くが金融機関でしたから、金融のことを勉強するのは自分の仕事にも直接関わってくるのでむしろ楽しかったですね」

ビジネスとファイナンシャルがテクノロジーを共通点として結びつくという発想はそもそもこのあたりにあったのかもしれません。そう考えると今の時代に注目されてきている「フィンテック」をかなり先取りしていたとも言えます。そんな桶屋さんが、漠然と独立して自分で仕事をやってみたいと考えるようになったのは50歳の頃だと言います。

「何だか、先が見えてきたような気がしたんですよね。さりとて転職といってもそうは簡単にできそうにない。やっぱり何か人と違うことをしないといけないということは50歳の頃からずっと考えてきました」

ビジネスで成功するための大原則は「競争しないこと」です。そういう意味では最初からそのことに気が付いていたのは起業がうまく行った理由の一つと言えるかもしれません。

## シミュレーションで奥さんを説得!?

実際に桶屋さんがサラリーマンから起業しようと思ったのはいつ頃からでしょうか。

「役職定年になったのが56歳。その頃からですね。再雇用で働いている先輩を見て考えたんです。60歳を過ぎてこんな仕事はしたくないな、と。やっぱり自分の人生だから自分のやりたいことをしたいじゃないですか。そこからですね。会社は副業を認めていなかったものの、ボランティアとしてのファイナンシャルプランナーの活動は認めていました。そのため、FPのボランティア活動を通して、講師などを務める機会もあったのです。で、定年1年前の59歳で会社の『セカンドキャリア制度』を利用してオフィスを立ち上げ、事業をスタートしたのが2017年、60歳で退職したのが2018年でした」

淡々とお話をされていますが、とても気になるのは大手企業にずっと勤めていて定年を迎えて起業するということに不安は無かったのだろうかということです。

「定年になってから独立しようと思っていましたので、年金や退職金もあるし、お金の面での不安はあまりありませんでした。将来、もし仕事が無かったとした場合にどんな収支状況になるかというシミュレーションを作って妻に見せました。そうしたら妻もわかってくれましたよ（笑）。50歳になった頃から考えて少しずつ準備していたので、不安よりも〝わくわく感〟の方が強かったですね」

### 99%の人に伝える役割

多くの人は起業するところまではできてもその後にうまく続けることはそう簡単ではありません。その理由は顧客を開拓しなければならないからです。その辺りは具体的にどのようにしたのかを訊いてみました。

「特に変わったことをしたわけではなく、それまでにお世話になった方々へ挨拶して回っただけです。私は仕事を取るための営業は一切しません。なぜなら、こちらから〝仕事をお願いする〟のはこちらの立場が不利になるからです。実際に営業っぽいことをやった先からはほとんど仕事は来ませんでした」

このあたりの感覚は私も経験上よくわかります。でも確かにその通りですが、それだけではなかなか仕事の依頼が来ないことも事実です。そんな中、安定的に仕事の依頼が来るというのは本当に素晴らしいことです。

「でもうまく行かなかったことも結構あったんですよ。予定していた仕事が取れなかったり、顧問契約も進まなかったりといった具合にね。でも私はこう考えました。世の中の最先端の部分というのは1％の人しかわかっていない。ブロックチェーン（分散型台帳技術）もAIもそうです。私はそれを残りの99％の人に伝えるのが役割だと思ったのです。そう考えて、いろんな人に話をしていくと、次第に少しずつ仕事の依頼が来るようになりました。面白いのは来るときは一度にたくさん来るときもあるということです。そんな時は自分で抱え込まずに人にその仕事を回してあげるようにする、そうすれば更に仕事が来る、ということもたくさん経験しました」

自分の与えたものが膨らんで戻ってくる、まるで昔話「わらしべ長者」のようです。わらしべ長者と言えば、「自分の欲しいものを追求するのではなく、ひたすら他人の欲しいものを与え続けていたのが良かった」という解釈もあります。その辺りについても桶屋さんはこのように言います。

## やって欲しいことは一体何だろう?

「結局、自分に何ができるかということは自分ではなかなかわからないんですよ。だから自分がやりたいことよりも相手が私に期待して、やって欲しいことは何かを考えました。だから私は人に対してよく『あなたから見て、私はどんな人間に見えますか? 何か私にしてほしいというようなことはありますか?』と訊きます。結局人脈というのはそういうことを教えてくれる人なんですね」

桶屋さんの場合は、特にお金を稼ぐことを第一の目的でやったわけではないにもかかわらず、結果として再雇用で働いていたとしたら得られたであろう報酬を上回る収入があると言います。自分の好きな仕事をしながら、結果として資産寿命が延びることになるのであれば、これ以上良いことはありません。

一見、すべて順調に見える桶屋さんですが、ここに至るまでは、それなりに苦労もされたはずです。しかしながら自分の好きなことをすることが、そんな苦労を感じさせないということは素敵だと思います。最後に桶屋さんの言った言葉が印象的でした。

「仕事をやっていて楽しいのは若い人と話をすることです。『指導してください』と言われるぐらい嬉しいことはありません。お金を払ってでもやりたいくらいです」

にこやかにそう言いながら、次の仕事に向かって別れた後ろ姿は、心なしかすっと背中が伸びているような気がしました。

## 「普通の投資家が育ち、そして幸せになってほしい」

池端 学さん（仮名・62歳） 広島県在住 元ラジオ局ＤＪ＆アナウンサー

池端さんと私が知り合ったのは今から7年前です。たまたまフェイスブックで個人投資家が集まるグループがあって、そこでやり取りをしている内に親しくなったのがきっかけです。実際にお会いしたのは、広島に講演に行った6年前でしたが、今回はお話を聞くために久しぶりに広島に出かけて行ってお目にかかりました。ラジオ局でアナウンサーをしていただけあって、とても62歳には見えない若々しさです。お会いしたのは6年ぶりですが、日頃からフェイスブックでの投稿を拝見しているので、ちっとも久しぶりという気がしません。このあたりがＳＮＳの良いところです。

池端さんは、個人投資家として20年以上にわたって、株式や投資信託への投資を続けてこられ、現在ではサラリーマンの生涯収入を上回る金融資産を築かれています。といっても「投資家」という言葉から想像するような、毎日ディスプレイに向かって株価の動きを追いかけ、タイミングを見て売ったり買ったりするということは全くやっておられません。自らを「草食投資家」とおっしゃるように、のんびりとゆったりと構えて資産形成をしてこられたのです。今回、「資産寿命を延ばす」という観点から投資による資産形成を考えた場合、池端さんのようなやり方はそれほど難しいことではなく、誰にでもできる可能性を秘めていると考え、詳しくお話を聞いてきました。

## 直販投信との出会いが良いきっかけ

「最初からそんなにゆったりとした『積立て投資』をしてこられたのですか?」。まずこう尋ねてみると、全く予期しない答えが返ってきました。

「いえ、最初は失敗の連続ですよ。怪しげな投資話に乗ってしまって手渡した100万円が戻ってこなかったり、やたら手数料の高い投資信託を勧められて損をしたり、とても人に言えるようなものじゃありませんでしたね」

そんな池端さんが出会ったのが、ある直販投信会社でした。一般的に投資信託というのはそれを運用している会社と販売している会社は別のことが多いのですが、中には運用会社が直接投資家に販売している会社もいくつかあります。これを直販投信会社と言います。言わば流通網を通さない「製造直売」のようなものと言っていいでしょう。池端さんが出会ったのはそんな直販会社の草分け的存在であった「さわかみ投信」でした。

直販会社の良いところは、運用担当者や経営者が自分たちの顧客向けに直接説明会や報告会を開催することです。

「いやあ、今から考えると汗顔の至りですが、当時は怖いもの知らず、知識もない状態で説明会でも無茶な質問を繰り返したものです。それに下がったらやっぱり腹が立つでしょ。そんな憤懣《ふんまん》をぶつけていたことを思い出します」

どうやらこの辺まではごく普通の一般投資家と同じようです。そんな池端さんが一体どうして投資で大きく資産形成を成功させるまでになったのでしょうか？

## 金額を目標にしない

「やはり勉強しましたね。具体的に言うと、本もかなり読みました。説明会に出てわからないことは徹底的に聞いたたし、それでもわからないことは本で勉強した。そういうことを地道にやっていくうちに、何となく本質がつかめてきたような気がしました」

本質とは一体何なのでしょうか、さらに詳しく訊いてみました。

「リスクを取らない限り、リターンは絶対に得られないという、言ってみれば当たり前のことなんですけど、それが心底理解できましたね。それと資産形成をする時に、『金額』を目標にしてはいけないということです」

「え、『金額』を目標にしてはいけない！というのは一体どういうことですか？」

「例えば1千万円を目標にして、それが達成できると2千万円、それができたら5千万円、1億と際限なくお金が欲しくなる。そうじゃないんですね。人生の目的はお金そのものじゃなくて、楽しむことでしょ。だからまずは自分の好きなことは、やりたいことは何だろう？と考えてそのために必要なお金をこしらえれば良いんですよ。そういう目的もなしに漠然とした不安だけを抱えてお金を増やそうとすれば、キリのない地獄に陥りかねません」

## きっかけは住宅ローン

池端さんは見事に投資や資産運用の本質を突いているように思えます。でもそもそも最初に投資を始めようと思ったきっかけは一体何だったのでしょうか。

「きっかけは住宅ローンです」

住宅ローンという言葉を聞いて、ちょっと意外な気がしました。お金を借りるローンと投資と一体どういう関係があるのか、結びつかなかったからです。

「35歳の時に自宅を新築しました。当時の住宅ローン金利が7%、返済表の金利分を見て愕然《がくぜん》としたんです。これはローン返済を急がなきゃと思い、妻も働いていたものですから、とにかく必死で働いて無駄な支出を削って返済に回したのです。借りたお金は1700万円ぐらいでしたが、必死で返済した結果、2年で完済しました。お金というものに真剣に向き合うようになったのが、その時だったんです。それに単にお金の不安というだけではなく、今いる会社でいつまで好きな仕事を続けて行けるかどうかも不安でした。そこで会社に勤めながら同時に投資を始めたのが25年ほど前ですね」

でも、いくら共働きで収入があるからと言って、住宅ローンを2年で返済するというのは並大抵のことではないでしょう。投資で資産寿命を延ばす例として池端さんを取り上げましたが、どうも「生活費の無駄を省く」という点でもおおいに参考になりそうです。

「例えば、生命保険などもあまり必要ありませんよ。自動車保険の対人、対物や個人賠償責任保険などは必要ですけど、私は何かあってもすぐに100万円ぐらいのお金を出せる人なら保険は不要だと言ってます」

## 投資は心の平穏を保つことが大事

池端さんは今までにもマネー誌等で紹介されたことがあり、投資の相談に来る人もいるそうですが、そういう人にはどんなアドバイスをしているのか、聞いてみました。

「27年間、コツコツと積立投資を続けて学んだのは、経済ニュースや相場の変動に決して惑わされないようにすることですね。一番やってはいけないのは下がった時に慌てて売って短期で投資をやめてしまうことです。資産を形成するためには一定の時間がかかります。したがって、長期で自分の実現したい夢を託す資産形成を成功させるためには、環境が変化しても惑わされない心の平穏を保つことが大事なことです」

そんな池端さんがご自身の心と体のバランスを保つためにやっているのが月3回のレッスンで体幹を鍛えるプログラム、そして隔月で全国の神社を回って大自然の中に身を置いて〝気〟を感じることだそうです。インタビューが終わった後、近くの文化センターで開催されているBB-Style（バック・ビューティー・スタイル）というレッスンプログラムに参加される池端さんについて行きました。若い人に交じって汗を流した池端さんが、最後におっしゃったのはこんな言葉でした。

「私には夢があるんですよ。自分がやってきたことを若い人に伝え、一人でも多くの普通の投資家が育ち、その人達に幸せになってほしい。若い人が資産形成で成功すれば、その資金は将来、日本を救ってくれるような良い会社を育てることにつながります。そして私自身のお金もいずれ将来は基金を立ち上げて世の中の役に立つように資金提供したい。大げさに言えばミニチュア版ノーベル賞みたいなものでしょうかね（笑）」

そう語る池端さんの顔はとても生き生きしていたのが印象的でした。地道に資産形成を続けてきた池端さんだからこそ語れる成功体験を多くの人に共感してもらいたい、そして一人でも多くの人に広めたいという強い思いをそこに感じたのでした。

# 「受け入れることができれば先は開ける」

宮口千幸さん（68歳）　大阪府在住　会社経営

「お待たせしたわね」、聞き馴染んだ声に顔を上げると、宮口さんがやわらかい笑顔で立っていました。昔の阪急電鉄梅田駅の内装をそっくりそのまま移築した、阪急百貨店の中にあるカフェ「シャンデリアテーブル」で待ち合わせしていた時刻のちょうど5分前に彼女はやってきました。

宮口さんは今から45年前に私が大学に入った時に同じクラブで活動した同期生です。彼女は卒業する前に同じクラブの先輩と結婚し、長い間金沢に在住していましたが、40代前半で最愛の夫を亡くし、その後大阪へ戻って家業を手伝い、苦労して今日までやってきました。でも彼女にはそんな苦労などみじんも感じさせない明るさと行動力があるのです。そして今まで長い付き合いの割には彼女の金銭観についてあまり聞いたことはなかったのですが、今回の取材を通じて、彼女は貯金にはこだわらず、働いて稼ぐタイプだということがよくわかりました。多くの人が心配したであろう「2000万円問題」も笑い飛ばす、この明るさとたくましさは一体どこから来るのでしょう？　貯えの寿命が尽きてしまわないか心配になる人も多いことでしょうが、彼女はそうした不安とどう向き合ってきたのでしょうか。

## 専業主婦に訪れた大きな変化

「私ね、実は大学卒業後に就職する先が決まっていたのよ。でも夫が仕事の関係があるから早く式を挙げたいというので、就職することをすっかり忘れていてさっさと卒業前の2月に結婚しちゃったのね」。あっけらかんとして切り出した言葉にまず驚きました。忘れていたって……一体どういうことでしょう。

「私って結構ぼやっとしていて適当なところがあるから、本当にすっかり忘れていたのよ。で、卒業する一カ月くらい前に先方から電話がかかってきて初めて忘れていたことに気が付き、丁寧にお詫びして辞退したの。信じられないでしょ？　就職氷河期で苦労した人達から見たらとんでもない話よね。そんなわけで私は夫が亡くなるまではずっと専業主婦、一度も会社で働いた経験がなかったのよ」

我々の世代（60代後半）であれば、こうしたケースはそれほど珍しいわけではありません。でもそうやって普通の専業主婦をやっていたのに41歳の時に3歳年上のご主人を亡くされた時は相当なショックだったでしょう。

「そうね、それは本当にショックだったわね。何しろ突然のことでしたから。でもその後のドタバタを考えると、夫が亡くなった悲しみに浸っている間はなかったのよ。3人の子供のうち、長男はちょうど横浜の大学に入る時だったし、二人目の長女は高校2年生だけど、その後の進学を考えて大阪の学校へ転校（宮口さんの実家は大阪）、そして二女は中学3年生だけど生徒会長になったばかりで絶対引っ越ししたくないっていうものだから、横浜、大阪、金沢と一家が三カ所にバラバラで暮らすことになったのね」

40代の初めにして、一度に不幸と混乱に見舞われてしまった宮口さんは、それでもこれからの生活をどうしようか、一生懸命に考えていました。

「大学に行っている長男は別として、やっぱり実家のある大阪に戻って娘達二人と一緒に暮らしたいと思いましたね。それに3人の子供を育てていかないといけないので、働かなきゃいけないと思ったしね」

恐らく、その後の生活に関しては、経済的な不安もあったことでしょう。

「それがね、実を言うとそれほどじゃなかったのよ。なぜなら夫が勤めていた会社はとても福利厚生が充実していて、亡くなった社員の遺族に対しては比較的手厚く補償があったの。それに何と言っても公的年金から支給される遺族年金が大きかったわね。子供達の学費はほとんどこれでまかなうことができたし、学校を卒業した後も遺族年金のおかげで生活はかなり楽になったの。やっぱり年金ってありがたいわよね」

## 上手に働いて上手に休んで、上手に遊ぶ

40代に入って突然家業を手伝うことになったというのは仕事の経験がなかった専業主婦

にとっては大変だったのではなかったでしょうか。

「最初は家業で仕事をするつもりはなくって、知り合いの税理士事務所で働かせてもらっていたのだけど、半年くらいかかな、まわりからも強く勧められて家の仕事を手伝うことになったんです。ミシンの糸調子とかを作っている会社だったので、そこで部品の調達係をやっていたの。でも本当に周りの人によくしていただいたおかげでここまでやってこられたことは感謝しています」

宮口さんは、今は製造部門から退き、不動産を管理する会社の社長として現在も仕事を続けています。60代後半になっても働き続けることについて聞いてみました。

「やっぱり働くことって大切よね。私は自分のことを回遊魚だと言っているの。じっとしていたらどこか体の調子が悪くなるわ。だから上手に働いて上手に休んで、上手に遊ぶのよ。人からは『よくそんな時間がありますね』って言われるけど、時間は作るものだと思うんです。忙しいとか、時間がないというのは、それをやる気がないというだけの話」

お金を増やすための資産運用とか投資は何かやってきたのでしょうか。

「ううん、そういうのは全くやっていない。株も投資信託も興味なし。やることがたくさんあるから、そんなことしているヒマは無いのよ」

でも銀行や証券会社から金融商品を勧められることはないのでしょうか？

「ありますよ。でもいつも丁寧にお断りしている。あんまりよく電話がかかってきたりすると、『お宅にそのまま置いていたら何かご迷惑なのでしょうか。それなら言ってくださったら他に移しますよ』というと、それからかかって来なくなったわ（笑）」

## ボランティアをやっている理由

宮口さんは仕事だけではなく、カトリックの信者としてボランティア活動も積極的にやっています。聞けば生まれてからずっとクリスチャンだったわけではなく、結婚した後に自分の意思で洗礼を受けてクリスチャンになったそうです。

「私の子供達が学校に上がった頃から金沢にあった教会学校で子供達に聖書をわかりやすくお話ししたり、カトリックのいろんな行事の由来をお話ししたりしていたんです。でも本格的にボランティア活動をやり始めたのは大阪に帰って来て子供たちが学校を出たぐらいの頃からかな」

教会に通っていて自然にボランティアに親しんでいくというのはよくある話ですが、宮口さんがボランティアに積極的に取り組むようになったきっかけは何だったのでしょうか。

「最初は教会の中で食事を振る舞う係をお手伝いするところから始めたんだけど、何て言ったらいいのかなあ……結構教会の信徒会の中で難しいゴタゴタがあったんですよね。だからそれを解決するために信徒代表になってしまったんです」

これはまた大変なことですね。でも昔からどことなく世話好きで姉御肌のところがあった宮口さんの性格から考えると、うなずけないこともありません。

「さっき自分のことを回遊魚って言ったけど、本当にじっとしているとろくなことがないのよね。だから少々面倒くさくてもできることはやってあげなきゃ。それがボランティアってことなのよ」

人のために何かをしてあげるボランティアという活動はまさに彼女にはぴったりと言ってもいいでしょう。

## 人生で大切なのは〝受け入れる〟こと

インタビューの最後に、前から一度聞きたいと思っていた宮口さんの人生観についてたずねてみました。

「私が一番大事にしていることは〝受け入れる〟っていうこと。夫が亡くなった時も『どうしてこんなひどい目に遭わなきゃいけないのよ』と思ったけどね、それに対してうらみつらみを言って受け入れなかったらいつまで経っても苦しみや悲しみは無くならないのよ。受け入れることができたら先は必ず開けるものよ」

さらに加えてこんなことも。

「何だか世の中では2000万円がどうしたこうしたって騒いでいるみたいだけど、私だってそんなお金持ってるわけじゃないわよ。でも子供や可愛い孫がいて、良い人達と一緒にいつまでも元気で仕事やボランティア活動ができるんだったら、それ以上必要なものなんかあるわけないじゃない。今まで失敗ばっかりしてきたけど、それでも楽しくやってるんだから、人生これで良し!よ」

初めのうちはインタビューを受けることにやや緊張していた宮口さんも最後はいつもの

楽しい同期の仲間に戻って普段の調子が出てきたようです。人生で大切なことは受け入れることだという彼女の言葉を聞いて、アメリカの精神科医エリザベス・キューブラー＝ロスの「死の受容のプロセス」をふと思い出しました。「死」ほど受け入れ難いものではないものの、人生における試練や困難をいち早く受け入れることは本当に大切なことだと改めて気づかされました。それがきっと彼女を生き生きとさせているのに違いないのだろう、大阪・京橋の駅で彼女と別れてその後ろ姿を見送りながら、ふとそんな思いを持ちました。

# おわりに

「資産寿命を延ばす」ことは必ずしも投資することだけではない、ということがおわかりいただけたでしょうか。投資自体は決して悪いことではなく、自分でリスクを取れる範囲内であれば結構なことですが、資産寿命を延ばすにあたっては投資に頼り過ぎるのは良くありません。年金のところでもお話をしましたが、普通のサラリーマンであれば公的年金だけでも生活ができないわけではないからです。それに年齢と共に使うお金は減っていくのが一般的な傾向ですから、高齢になればなるほど終身で支給される年金の重要性は高まっていきます。したがって、サラリーマンであれば老後の生活を考える上で、まず土台として、公的年金をはじめとする社会保険に重点を置き、次に会社の退職給付制度があり、最後に自身による資産形成で備えるというのが正しい順序です。そして投資はその中の手段の一つに過ぎません。にもかかわらず、世の中に出回っている老後マネー対策は、資産寿命を延ばす＝投資でお金を増やすということにバイアスがかかり過ぎているような気がしてなりませんでした。本書を書くことで、投資の他にもやり方があるのだということを多くの人に知ってもらいたかったのです。

また、人によって資産寿命を延ばす方法が様々なように、時代によってもその方法は変わっていくと思います。我が国に公的年金制度ができた昭和36年頃の平均寿命は男性で65歳前後でした。今ではそれが81歳を超えています。であるならば、なるべく働く期間を長くすることも重要です。昔のように定年後5～10年で寿命を迎える時代ではありません。体力的にも知力的にも今の60歳は少し前の45～50歳ぐらいと考えてもいいでしょう。であるなら、70歳ぐらいまで働くのはおおいにありです。仮に年金の受け取りを70歳からにすれば生涯にわたって4割以上受取額が増えるのですから、夫婦で月額20万円の公的年金があるとすれば、8万円以上増えます。２０００万円問題の背景が月に5万5千円の赤字というデータだったわけですから、これならいとも簡単に問題は解決します。

大事なことは、自分にできること、自分に合ったやり方を自分で考えることです。「これしかない」という思い込みやステレオタイプな考え方は禁物です。自分にできることから始めて行けば、「資産寿命を延ばす」ということはそれほど難しいことではないことを知っていただければ幸いです。

最後に本書の執筆にあたって、取材にご協力いただいた池端学さん、桶屋康宏さん、佐藤有さん、宮口千幸さん、そして廣田直希さんの5人の方には厚くお礼申し上げます。また執筆にあたって様々にアドバイスをいただいた朝日新聞出版の大﨑俊明さんにも深く感謝いたします。

大江英樹　おおえ・ひでき
経済コラムニスト。専門分野はシニア層のライフプランニング、資産運用及び確定拠出年金、行動経済学等。大手証券会社で定年まで勤務した後に独立。書籍やコラム執筆のかたわら、全国で年間140回を超える講演をこなす。主な著書は『定年男子　定年女子』(共著、日経BP)、『経済とおかねの超基本１年生』(東洋経済新報社)、『投資賢者の心理学』(日本経済新聞出版社)、『定年前』(朝日新書)など多数。

朝日新書
745

資産寿命《しさんじゅみょう》

人生100年時代の「お金の長寿術」

2020年１月30日第１刷発行

著　者　大江英樹

発行者　三宮博信

カバーデザイン　アンスガー・フォルマー　田嶋佳子

印刷所　凸版印刷株式会社

発行所　朝日新聞出版
〒104-8011　東京都中央区築地5-3-2
電話　03-5541-8832（編集）
　　　03-5540-7793（販売）

Published in Japan by Asahi Shimbun Publications Inc.
ISBN 978-4-02-295052-9
定価はカバーに表示してあります。
落丁・乱丁の場合は弊社業務部(電話03-5540-7800)へご連絡ください。
送料弊社負担にてお取り替えいたします。

朝日新書

## 新・リーダーのための教養講義
インプットとアウトプットの技法

佐藤 優
同志社大学新島塾

新たな価値を生む発想のベースになるのが文理融合の統合知だ。膨大な情報をどう理解し、整理し、最適解を見つけるか。歴史、外交、ゲノム編集、AIなどをテーマに教養、説明力、ディベート力をつけるエッセンスが満載。集中合宿による白熱講義が一冊に。

## AI兵器と未来社会
キラーロボットの正体

栗原 聡

AIが人を殺せる日が、すぐそこまで来ている。人間の判断を必要とせずに攻撃できる自律型致死兵器「キラーロボット」の現状を紹介し、生命と知能の水脈をたどり、科学技術のあるべき姿を探る。SF映画が現実となる近未来社会に警鐘を鳴らす、必読の書!

## 潜入中国
厳戒現場に迫った特派員の2000日

峯村健司

超大国アメリカの背中を追う中国。世界2位の経済力を軍事費につぎ込み、急速な近代化を進める足元では何が起きていたのか。31の省、自治区、直轄市のほぼすべてに足を運び、空母島、北朝鮮国境などに潜入。中国当局に拘束されながらも現場を追った迫真ルポ。

## 銀行ゼロ時代

高橋克英

「GAFA」の進出で、日本の銀行はトドメを刺される。キャッシュレス化やフィンテックの普及、銀行業務のスマホ化で、既存の銀行は全滅の可能性も。銀行員はどうなるか、現実的な生き残り策はあるのか、豊富な実務経験をもとに金融コンサルタントが詳述。

## 新版 知らないと損する 池上彰のお金の学校

池上 彰

銀行、保険、投資、税金……生きていく上で欠かせないお金のしくみについて丁寧に解説。給料の決められ方、格安のからくり、ギャンブルの経済効果など納得の解説ばかり。仮想通貨や消費増税、キャッシュレスなど最新トピックに対応。お金の新常識がすべてわかる。

## 水道が危ない

菅沼栄一郎
菊池明敏

「日本の安全と水道は問題なし」は幻想だ。地球二回り半分の老朽水道管と水余り、積み重なる赤字で日本の水道事業は危機的状況。全国をつぶさにルポし、国民が知らない実態を暴露し、処方箋を探る。これ一冊で、地域水道の問題が丸わかり。

## 大江戸の飯と酒と女

安藤優一郎

泰平の世を謳歌する江戸は、飲食文化が花盛り！田舎者の武士や、急増した町人たちが大いに楽しんだ。武士の食べ歩き、大食い・大酒飲み大会の様子、ブランド酒、居酒屋の誕生、出会い茶屋での男女の密会——。日記や記録などで、100万都市の秘密を明らかにする。

## 寂聴　九十七歳の遺言

瀬戸内寂聴

「死についても楽しく考えた方がいい」。私たちはひとり生まれ、ひとり死ぬ。常に変わりゆく。かけがえのないあなたへ贈る寂聴先生からの「遺言」――私たちは人生の最後にどう救われるか。生きる幸せ、死ぬ喜び。魂のメッセージ。

## 知っておくと役立つ　街の変な日本語

飯間浩明

朝日新聞「be」大人気連載が待望の新書化。国語辞典の名物編纂者が、街を歩いて見つけた「まだ辞書にない」新語、絶妙な言い回しを収集。「昼飲み」の起源、「肉汁」は「にくじる」か「にくじゅう」か、などなど、日本語の表現力と奥行きを堪能する一冊。

## 中国共産党と人民解放軍

山崎雅弘

「反中国ナショナリズム」に惑わされず、人民解放軍の「真の力〈パワー〉」の強さと限界に迫る！　国共内戦、朝鮮戦争、文化大革命、中越紛争、尖閣諸島・南沙諸島の国境問題、米中軍事対立、そして香港問題……。軍事と紛争の側面から、〈中国〉という国の本質を読み解く。

## 早慶MARCHに入れる中学・高校
親が知らない受験の新常識

矢野耕平
武川晋也

中・高受験は激変に次ぐ激変。高校受験を廃止する有力中高一貫校が相次ぎ、各校の実力と傾向も5年前と一変。大学総難化時代、「なんとか名門大学」に行ける中学高校を、受験指導のエキスパートが教えます！トクな学校、ラクなルート、リスクのない選択を。

## 第二の地球が見つかる日
―太陽系外惑星への挑戦―

渡部潤一

岩石惑星K2-18b、ハビタブル・ゾーンに入る3つの惑星を持つ、恒星トラピスト1など、次々と発見されつつある、第二の地球候補。天文学の最先端情報をもとにして、今、最も注目を集める赤色矮星の研究を中心に、宇宙の広がりを分かりやすく解説。

## 俳句は入門できる

長嶋 有

なぜ、俳句は大のオトナを変えるのか!?「いつからでも入門できる」「俳句は打球、句会が野球」「この世に傍点をふるようによむ」――俳句でしかたどりつけない人生の深淵を見に行こう。芥川賞&大江賞作家で俳人の著者が放つ、スリリングな入門書。

## タカラヅカの謎
300万人を魅了する歌劇団の真実

森下信雄

PRもしないのに連日満員、いまや観客動員が年間300万人を超えた宝塚歌劇団。必勝のビジネスモデルとは何か。なぜ「男役」スターを女性ファンが支えるのか。ファンクラブの実態は？ 歌劇団の元総支配人が五つの謎を解き隆盛の真実に迫る。

## 安倍晋三と社会主義
アベノミクスは日本に何をもたらしたか

鯨岡 仁

異次元の金融緩和、賃上げ要請、コンビニの二四時間営業まで、民間に介入する安倍政権の経済政策は「社会主義」的だ。その経済思想を、満州国の計画経済を主導し、社会主義者と親交があった岸信介からの歴史文脈で読み解き、安倍以後の日本経済の未来を予測する。

## 資産寿命
人生100年時代の「お金の長寿術」

大江英樹

年金不安に負けない、資産を〝長生き〟させる方法を伝授。老後のお金は、まずは現状診断・収支把握・寿命予測をおこない、その上で、自分に合った延命法を実践することが大切。証券マンとして40年近く勤めた著者が、豊富な実例を交えて解説する。

## かんぽ崩壊

朝日新聞経済部

朝日新聞で話題沸騰！「かんぽ生命 不適切販売」の一連の報道を書籍化。高齢客をゆるキャラ呼ばわり、偽造、恫喝……驚愕の販売手法はなぜ蔓延したのか。過剰なノルマ、自爆営業に押しつぶされる郵便局員の実態に迫り、崩壊寸前の「郵政」の今に切り込む。

## ゆかいな珍名踏切

今尾恵介

踏切には名前がある。それも実に適当に名づけられている。「畑道踏切」と安易なヤツもあれば「勝負踏切」「天皇様踏切」「パーマ踏切」「爆発踏切」などの謎めいたモノも。踏切の名称に惹かれて何十年の、「踏切名称マニア」が現地を訪れ、その由来を解き明かす。